Essai Historique

SUR

Les Cortès.

Essai Historique

SUR

LES CORTÈS,

OU

ASSEMBLÉES NATIONALES

D'ESPAGNE;

Par M. LAFFON - SAINT - MARC.

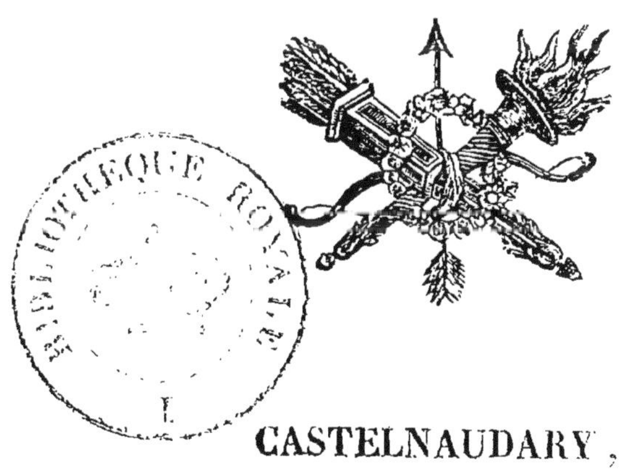

CASTELNAUDARY,

DE L'IMPRIMERIE DE G. - P. LABADIE.

— 1834. —

ESSAI HISTORIQUE

SUR LES CORTÈS,

OU

ASSEMBLÉES NATIONALES D'ESPAGNE.

De tous les états formés des débris de l'empire romain, l'Espagne est le premier dont les institutions politiques ont consacré le principe d'une représentation nationale, choisie dans les différentes classes de la société. L'établissement des cortès de Castille et celui des états d'Aragon, datent du commencement ou du milieu du douzième siècle. On voit, dès cette époque, l'un et l'autre de ces corps prendre connaissance des grandes affaires, fixer les impôts, concourir aux entreprises concertées dans l'intérêt général de la nation. Il n'y avait encore rien de semblable en Europe. Les bases du système d'administration suivi par l'Angleterre, n'ont été posées que vers 1225, sous Henri III, ou même cinquante ans plus tard, sous Edouard I.er son fils; et c'est seulement à partir de 1303, qu'en France le tiers-état a joui du droit d'envoyer ses députés aux états-généraux.

Les cortès et les états ont conservé, pendant

quatre cents ans, le privilége de participer aux actes du pouvoir souverain. Mais en quoi consistait leur intervention? dans quelles circonstances devenait-elle nécessaire? de quelle manière était-elle exercée? Ce sont autant de points importants que l'on entreprend de développer dans cet ouvrage.

Les cortès tirent leur origine de la législation des Visigoths ou Goths occidentaux, qui envahirent l'Espagne à la chute du trône des Césars. On ne peut se faire une idée exacte des coutumes, qui, à défaut de lois positives, ont long-temps régi la monarchie espagnole, et lui ont tenu lieu de dispositions fondamentales, sans remonter à celles de ce peuple conquérant, qui, en adoptant plusieurs des usages des vaincus, retint une grande partie des siens, et les leur imposa. Nous allons donc jeter d'abord un coup-d'œil rapide sur son gouvernement, dont le génie subsista sous les rois des Asturies et de Léon. Ce sera l'objet des deux premiers chapitres. Nous examinerons dans les suivants quelles furent les causes de la création des cortès de Castille et des états d'Aragon; celles des progrès de l'autorité de ces grandes assemblées; celles qui ont amené leur décadence, changé leur organisation, anéanti leur crédit; enfin, quelles ont été celles qui, de nos jours, leur ont momentanément donné, sous le nom de cortès générales ou extraordinaires, une nouvelle existence.

CHAPITRE PREMIER.

Du gouvernement des Visigoths.

On sait que sous le règne des fils de Théodose, des essaims de barbares, accourus du fond du nord, arrachèrent le midi de l'Europe aux Romains. (1) Lors de ce grand événement, l'Espagne devint la proie des Alains, des Suèves, des Vandales. Elle subit ensuite le joug des Visigoths. On donna ce nom à des Goths, séparés du corps de leur nation récemment établie dans la Thrace. Le célèbre Alaric marchait à leur tête. Ils prirent Rome (2), et s'y enrichirent des dépouilles de l'univers entassées au Capitole. Après la mort de leur chef, Ataulphe, son beau-frère, élevé à la royauté, les conduisit dans les Gaules, où le faible Honorius, empereur d'occident, leur abandonna la Septimanie et l'Aquitaine, pour les détourner du projet de se fixer en Italie (3). Ils franchirent bientôt les Pyrénées (4), avec l'es-

(1) 406.
(2) 409.
(3) 410.
(4) 415.

poir de s'emparer de la Tarragonaise méridionale, qu'occupaient encore les généraux de l'empire ; mais ils bornèrent alors leurs exploits à la conquête de la partie de cette province qui répond à ce qu'on nomme aujourd'hui la Catalogne.

Les premiers successeurs d'Ataulphe, tantôt alliés, tantôt ennemis des anciens maîtres du monde ou des nouveaux possesseurs de l'Espagne, étendirent leur domination aux dépens des uns et des autres. Vallia détruisit les Alains dans une seule bataille (1). La prospérité continuelle des armes de ce prince, puis les victoires de Théodoret, ébranlèrent la puissance des Vandales, qui passèrent en Afrique, où la révolte du comte Boniface leur offrait la perspective d'un plus solide établissement (2). Evaric écrasa les légions impériales, et réduisit sous son obéissance toute la péninsule (3), à l'exception de la Galice, tombée au pouvoir des Suèves, qui conservèrent leur indépendance jusqu'au règne de Leuvigilde (4).

Ainsi que tous les peuples septentrionaux, les Visigoths étaient fiers, belliqueux, jaloux de leur liberté. Leur gouvernement réputé monarchique, reposait toutefois sur les bases d'une

(1) 418.
(2) 435.
(3) 472.
(4) 584.

véritable aristocratie. Le roi ne jouissait d'une autorité réelle qu'en temps de guerre. Il ne pouvait entreprendre rien d'important durant la paix, sans le concours des principaux officiers de l'état ou de l'armée, qui représentait la nation. Ces dignitaires, désignés sous le nom général de palatins, de seigneurs, de procères ou de magnats, après qu'ils eurent obtenu de vastes possessions territoriales, au moyen du partage de celles des vaincus, auxquels on ne laissa qu'un tiers de leurs biens, joignirent au privilége de former le conseil indispensable du monarque, celui de lui déférer la couronne, source intarissable de désordres et de rivalités.

Leurs titres variaient, suivant la nature de leurs fonctions. Il y avait, 1.° des ducs qui gouvernaient une province, avec la disposition presque absolue des troupes et des finances ; 2.° des comtes, divisés en deux classes ; les uns remplissaient les emplois de la cour, les autres administraient la justice dans un diocèse ou dans une ville ; ces derniers avaient des assesseurs ou lieutenants, de qui relevaient immédiatement les magistrats municipaux ; 3.° des Gardingues, autrement des capitaines de châteaux royaux ; 4.° des thinphades ou commandants spéciaux d'une fraction de la milice, sous lesquels étaient placés les titulaires des grades moins importants, appelés *millenarii, quingenarii, centenarii*, *denarii*, selon le nombre d'hommes qui leur obéissait.

L'art militaire était le seul en honneur parmi les Visigoths. Ils ignoraient et méprisaient toutes les sciences. Si la théologie, la jurisprudence, la médecine, florissaient encore en Espagne, on ne le devait qu'à l'application de ses anciens habitans.

On distinguait deux espèces d'esclaves : 1.º ceux qui appartenaient aux particuliers et que l'on traitait en tout comme chez les Romains; 2.º ceux qui étaient attachés au fisc, les fiscaliens, qui cultivaient et faisaient valoir les domaines du roi, et dont le sort différait à peine de celui de l'universalité des citoyens. Ils pouvaient porter témoignage, acquérir et posséder des immeubles, les transmettre par testament, parvenir aux offices du palais, avoir eux-mêmes des esclaves.

Les Visigoths professaient l'arianisme. Ils l'abjurèrent, à l'exemple et à la persuasion de Récarède I.ᵉʳ (1). Dès ce moment, les évêques eurent part avec les grands aux affaires publiques. On n'en décida plus aucune d'un intérêt majeur, que dans des conciles nationaux, qui remplacèrent les anciennes assemblées. Les palatins y avaient voix délibérative comme les prélats, en ce qui concernait les matières civiles et politiques.

(1) 587.

Les lois y étaient concertées ; on y chargeait le prince du soin de les promulguer et de les faire observer.

Dans plusieurs circonstances, ces grandes assemblées mixtes, dont les attributions n'étaient pas parfaitement définies, s'élevèrent au-dessus des rois. Celle que l'on compte pour le quatrième concile de Tolède (1), prononça la déchéance de Suintila, accusé de tyrannie, et légitima l'usurpation de Sisenand, qui venait de le détrôner. Une autre (2), tenue dans la même ville, valida l'élection d'Ervige, qui n'avait eu lieu qu'à la suite de l'abdication involontaire de Vamba.

D'un autre côté, il y eut des rois qui voulurent exercer seuls le pouvoir législatif. Leurs tentatives furent malheureuses. Les chefs de la noblesse, dont elles alarmèrent l'ambition, prirent des mesures pour limiter la prérogative royale. Ils finirent par la restreindre au point de l'anéantir presque entièrement.

Comment l'équilibre nécessaire entre les corps qui constituent l'essence d'une monarchie tempérée, aurait-il pu subsiter dans celle des Goths ? Le droit de choisir le souverain, dont les seigneurs se trouvaient investis, en excluait la possibilité. C'était ordinairement sur l'un d'entre eux que se réunissaient leurs suffrages.

(1) 9 novembre 633.
(2) 9 janvier 681.

Il arrivait aussi quelques fois, qu'ils donnaient la préférence à l'un des fils ou des parens du dernier roi ; mais dans l'un et l'autre cas, ils ne remettaient le sceptre aux mains du nouvel élu, que sous des conditions onéreuses à la royauté. Ils multiplièrent ainsi leurs envahissemens ; ils eurent même l'habileté de faire tourner à leur profit les sanglans débats qui suivirent trop souvent les vacances du trône. Les hautes dignités du royaume, surtout celles de duc et de comte, grâces long-temps amovibles, devinrent le patrimoine de leurs familles. L'administration féodale, qui s'introduisit et jetta de si profondes racines dans la plûpart des états de l'Europe, demeura cependant inconnue en Espagne. Tout homme libre y fut toujours admissible aux emplois les plus élevés. Cet avantage réservé d'abord aux Visigoths, s'étendit plus tard aux Espagnols et aux Romains. Pendant l'espace de près de deux siècles, ceux-ci avaient formé comme une nation à part, gouvernée par ses propres lois, ayant son langage, son costume, ses usages particuliers. Le roi Chindasuinthe, dont la fermeté réprima l'audace des grands, fit cesser cette distinction (1), en permettant à tous ses sujets, moins ceux de condition servile, de se lier par des mariages, en les assujettissant tous aux dispositions d'un code unique, extrait du droit romain, dès le

(1) 646.

temps d'Alaric, fils d'Evaric. Egiza consomma l'union des trois peuples par un édit (1), qui imposait aux naturels du pays l'obligation du service militaire, duquel ils étaient jusqu'alors restés exempts.

L'empire des Visigoths tomba sous les coups des Arabes, appelés aussi Sarrasins, et plus communément Maures, à cause de leur mélange avec les habitans de la Mauritanie. Un gouverneur de Ceuta, le comte Julien, attira ces redoutables ennemis au sein de sa patrie, pour venger l'honneur de sa fille, outragée par le roi Rodrigue. Evan et Sisébut, fils de Vitiza, déposé deux ans auparavant, et Oppas, leur oncle, métropolitain de Séville, favorisaient cette invasion. Les Goths essayèrent vainement de défendre leur religion et leur liberté. Ils furent défaits dans les plaines de Xérès de la Frontera (2); leur roi disparut; l'Espagne se soumit aux vainqueurs.

(1) 694.
(2) 11 novembre 712.

CHAPITRE II.

*De la monarchie des chrétiens des Asturies
et de Léon.*

Les montagnes des Asturies devinrent le
berceau d'une nouvelle monarchie. Environ
cinquante mille individus de tout âge et de
tout sexe, s'étaient sauvés dans cette province
éloignée, pour se soustraire à l'esclavage. Ceux
qui pouvaient porter les armes, se réunirent
sous les ordres de Pélage, arrière petit-fils
de Chindasuinthe, guerrier doué d'un courage
héroïque, auquel ils conférèrent, d'un commun
accord, le titre de roi (1). Les conquérans
de la péninsule dédaignèrent de poursuivre ces
malheureux fugitifs. Ils se persuadèrent que
la misère et la faim ne tarderaient pas à les
chasser de leur retraite. Leurs espérances furent
trompées. Pélage profitant de ces premiers
instans de repos, aguerrit et disciplina ses nouveaux soldats; il exalta dans leur cœur le
double sentiment de l'honneur et de la foi, et les

(1) 718.

disposa ainsi à tenter les plus sublimes efforts.
Bientôt, les Musulmans, dont il réveilla l'attention, pénétrèrent dans la vallée de la Déva,
où il avait rassemblé sa petite troupe. Il les
repoussa ; un grand nombre de fuyards se
noyèrent en traversant la rivière ; d'autres
furent écrasés par une masse de rochers qui
se détacha fortuitement.

La lutte la plus opiniâtre était engagée entre
les deux nations. Les chrétiens combattaient
pour leur croyance, pour leurs foyers; ils ne
se désistèrent jamais de leur dessein. Durant
le cours de ces longues guerres, la constitution
gothique éprouva de notables altérations. Le
royaume continua à être électif ; mais les rois
presque toujours à la tête de leur armée, ac-
crurent leur puissance en même-temps qu'ils
reculèrent les bornes trop étroites de leurs domaines. Les grands n'élevèrent plus au rang
suprême que des descendans de Pélage. Un de
ces princes (1), Ramire I.er, associa à la
souveraineté Ordogne, son fils; celui-ci imita
son exemple (2). Tous deux consultèrent les
Seigneurs; mais cette démarche ne fut de leur
part qu'un vain hommage rendu à la coutume.
Après eux, on se passa de l'assentiment des
électeurs; la couronne devint héréditaire, et

(1) 845.
(2) 862.

les filles même purent y prétendre, au défaut
des mâles.

Avec le vice interne et radical des institutions
Visigothiques, disparut le germe des troubles
et des dissensions. La haute noblesse, privée
du plus essentiel de ses droits, cessa de se
montrer turbulente, et seconda les vues du
chef de l'état. Il y eut de l'ensemble, de la
suite dans les opérations militaires, des quelles
on obtint ainsi de plus brillans résultats. On
croyait comme auparavant que tout acte qui
tendait à modifier la législation, devait émaner
d'un concile national; mais ce principe, précieux
reste des franchises d'une nation fortement
attachée à ses usages, ne reçut pourtant que
de rares applications. Depuis le règne de Pélage
jusqu'à la mort de Bermude III, en qui s'éteignit
la postérité masculine des anciens rois Goths,
c'est-à-dire dans le long intervalle de trois cents
vingt ans, il ne se tint que cinq de ces au-
gustes assemblées, dont la convocation semblait
devoir être beaucoup plus fréquente: une à
Oviédo (1), deux à Saint-Jacques (2), une autre
à Astorga (3), la dernière à Léon (4). On
pourrait peut-être en trouver le motif dans

(1) 901.
(2) 900 et 971.
(3) 946.
(4) 1012.

la position où étaient alors les chrétiens d'Espagne, moins occupés de subtilités politiques,
que du désir de se garantir des atteintes d'un
ennemi puissant, et de gagner sur lui du
terrain.

Leurs entreprises n'avaient pas été toutes
couronnées de succès, et cependant, ils avaient
déjà reconquis, outre les deux Asturies, le
royaume de Léon, la Galice, la partie du Portugal, située à la droite de la rivière de Mon-
dégo, la Biscaye, la Vieille-Castille, contrée dans
laquelle furent placés des comtes qui se rendirent indépendans. C'est vers ce temps (1),
qu'Ordogne II transféra son séjour d'Oviédo
à Léon, ville plus centrale, qui devint la
capitale du royaume et lui communiqua son nom.

(1) 913.

CHAPITRE III.

*Erection du comté de Castille en royaume.
Etablissement de ses cortès.*

Un seigneur français, Inigo, surnommé Arista
ou le Hardi, comte de Bigorre, s'était établi
en Navarre, et y avait donné commencement
à une dynastie (1). Les fils de Sanche-le-Grand,
un de ses successeurs, régnèrent sur toute
l'Espagne chrétienne. Garcie, l'aîné, continua
la série des rois de Navarre; Ramire fonda le
royaume d'Aragon; Gonzalve, celui de Sobrarbe,
qui finit avec lui; Ferdinand posséda, au même
titre, la Castille, apanage de Nuna-Maïor, sa
mère, auquel il réunit, en épousant Sancha,
sœur et héritière de Bermude III, les nombreuses dépendances de la couronne de Léon (2).

Ce prince avait à cœur d'améliorer l'administration de ses états, et d'y consolider l'ordre
public. Pour atteindre ce but, il indiqua un
concile à Coyac (3), gros bourg du diocèse
d'Oviédo. Neuf évêques, quelques abbés et
les grands, assemblés en présence du roi et de
la reine, y firent d'utiles réglemens. Il y en

(1) 829.
(2) 1037.
(3) 1050.

eut de spéciaux à chacun des deux peuples qui obéissaient à Ferdinand. On prononça de terribles anathêmes contre leurs infracteurs.

On cite plusieurs autres conciles nationaux rassemblés aux mêmes fins. Le plus célèbre est celui de Palencia (1), auquel assista Alphonse VII, arrière petit-fils de Ferdinand Ier et tige des rois de la maison de Bourgogne. On y lança les foudres de l'église contre les faux monnoyeurs et les nobles, qui, sans motif légitime, s'emparaient des biens de leurs vassaux. Les premiers étaient condamnés en outre à perdre les yeux. On y défendit de donner asile aux traîtres, aux voleurs, aux parjures, aux excommuniés, et de plus, sous peine d'avoir la tête rasée, d'insulter sur les grandes routes, les ecclésiastiques, les moines, les pélerins, les voyageurs, les marchands, les femmes. La principale marque de distinction chez les Goths était une longue et épaisse chevelure. Les Espagnols au contraire portaient tous les cheveux très-courts; mais il n'y avait pas d'humiliation plus flétrissante pour les uns comme pour les autres que de paraître entièrement tondus. Ce préjugé subsistait encore dans toute sa force.

Après la tenue du concile de Palencia, une grande innovation eut lieu en Castille. Les institutions empruntées des Visigoths, avaient été long-temps analogues aux mœurs et au

(1) 1129.

génie de la nation ; mais combinées dans l'intérêt des deux premières classes, elles ne répondaient plus aux vœux de la plus nombreuse, de celle sur laquelle retombait tout le poids des charges publiques, qu'elles laissaient à l'égard de ses deux rivales, dans une sorte de dépendance, dont il lui tardait de s'affranchir. Les fils de Ferdinand I.er avaient cherché à établir une plus juste balance. La difficulté consistait à concilier la puissance du prince avec les prétentions des ordres privilégiés et la liberté du reste de ses sujets. Ce problême fut enfin résolu. Les assemblées mixtes cédèrent leurs attributions à d'autres, qui reçurent le nom de cortès, parce qu'on les convoquait le plus souvent à la cour, et où siégèrent avec les prélats et les seigneurs, les députés des principales cités et de leur territoire (1) : on a cru qu'en y admettant les représentans des communes, les rois ne s'étaient proposé autre chose que de diminuer l'influence du clergé et de la haute noblesse, qui génait leur autorité. Cette conjecture fut-elle fondée, on ne saurait contester que l'adoption du nouveau système n'ait procuré à l'ordre de la bourgeoisie, ou, si l'on veut, au peuple, l'avantage duquel il avait été jusqu'alors privé, de délibérer sur les besoins de la monarchie et de consentir les impôts qu'il devait payer.

(1) Voir à la fin de l'ouvrage, la note n.° 1.

CHAPITRE IV.

Création des états d'Aragon. Fonctions du grand-justicier.

Les Aragonais obtinrent de leurs souverains des concessions plus importantes encore que les Castillans. Elles prenaient leur source dans un code donné par Sanche le Grand aux deux petites contrées qui formèrent d'abord le lot de ses fils Ramire et Gonzalve. Le premier de ces deux frères ne trouva ses sujets disposés à lui prêter serment de fidélité qu'après qu'il eut lui-même fait celui de respecter les immunités que leur assurait ce recueil de lois (1). Cette garantie parut bientôt insuffisante. Un collége ou tribunal, composé des hommes les plus riches, *los ricos hombres*, fut créé pour veiller au maintien des libertés publiques. On convint de plus de s'unir contre le monarque, s'il arrivait qu'il en menaçat l'existence. On ne s'en tint pas là. Les Aragonais voulaient par-dessus tout prévenir le développement d'un

(1) 1034.

pouvoir qu'ils supposaient devoir être oppresseur. Ils conçurent l'espérance de lui tracer des limites immuables en étendant celui du grand-justicier, *el justicia - mayor*, magistrat non révocable, établi pour connaître en dernier ressort de toutes les causes civiles ou criminelles, placé depuis à la tête des hommes riches, et devenu, à leur exclusion, le dépositaire et l'interprète des lois. On lui délégua l'exercice d'une haute surveillance sur les corps de l'état, avec la faculté de permettre ou d'interdire la publication des édits royaux, soumis en conséquence à son examen. On statua qu'à l'avenir, ce serait devant lui que le roi ferait, lors de son couronnement, la promesse solennelle de conserver, dans toute leur intégrité, les droits de ses peuples. Il remplissait dans cette circonstance le rôle le plus flatteur pour l'orgueil humain. Assis sur un trône élevé, qu'entourait l'élite de la noblesse, il invitait le prince, qui devait être à genoux et découvert, à prononcer la formule de son engagement, et lui adressait ensuite, en tenant attachée son épée nue sur son cœur, ces fières et étonnantes paroles : *Nos que valemos tanto como vos, y podemos mas que vos, os hazemos nuestro rey y señor, con tal que guardeis nuestros fueros y libertades : sino, no.* « Nous qui valons autant que vous, » et qui pouvons plus que vous, nous vous

» faisons notre roi , à condition que vous
» garderez nos privilèges et nos libertés : si-
» non , non. »

Pierre I.er parvint à faire abolir cette avilissante cérémonie (1). Dans l'excès de sa joie, il
demanda l'original de la loi qui en avait introduit
l'usage; il tira son poignard, s'en frappa la
main, et laissant couler son sang sur ce papier
désormais inutile : *ley, dit-il, que da poder
à los vasallos de poder elegir rey, sangre de
rey havia de costar.* C'est-à-dire : « une loi
» qui donne à des sujets le pouvoir d'élire un
» roi , doit être effacée avec le sang d'un roi. »

Son triomphe fut de courte durée. On remit
en vigueur le décret qu'il avait fait abroger ,
et la puissance excessive du justice-majeur continua à éclipser la majesté royale. Sous Pierre-
le-Cérémonieux, la position de ce redoutable
officier changea totalement (2). Ses collégues,
les hommes riches, avaient depuis long-temps,
cessé d'être les seuls représentans de la nation.
De nouvelles combinaisons, dues à la sage politique de différens rois, appelaient à l'honneur
de figurer avec ces seigneurs dans l'assemblée
des états , les chevaliers ou les gentilshommes
non titrés, les évêques, les députés des chapitres
et des bourgeois des villes, les membres des

(1) 1094.
(2) 1350.

universités. La plupart des individus de ces dernières classes voyaient avec une sorte d'effroi l'ambition toujours croissante du grand-justicier. Ils sentaient la nécessité de lui opposer une forte barrière. D'un autre côté, Pierre-le-Cérémonieux, prince plus absolu qu'aucun de ses prédécesseurs, brûlait de se débarrasser de cet incommode surveillant. Il saisit avec empressement l'occasion de l'obliger à se renfermer dans les devoirs inhérens à ses premières fonctions. Dix-sept personnes, choisies dans les quatre bras, *brazos*, ou sections des états, furent chargées de ce nouveau contrôle, qui s'exerça dans l'intérêt du roi, plus que dans tout autre.

CHAPITRE V.

De l'autorité que les Cortès acquirent, du règne d'Alphonse VII jusqu'à la fin de celui de Ferdinand III ou saint Ferdinand. Création du conseil de Castille. Détails relatifs à l'ordre judiciaire.

1135. — 1252.

Les cortès de Castille ne passaient pas pour un ressort ordinaire du gouvernement. Ni le temps ni le lieu de leur réunion n'étaient fixes. Le roi réglait arbitrairement ces deux points lors de chaque convocation. On y délibérait le plus communément sous sa présidence ; les affaires s'y décidaient à la pluralité des voix.

La première des ces assemblées dont l'histoire fait mention, se tint dans la cathédrale de Léon (1), à la suite du couronnement d'Alphonse VII, cérémonie réitérée depuis à Tolède. On y confirma les décisions du concile de Coyac, d'après lesquelles chacun des deux royaumes dont se formait la monarchie Castillane, devait être

______

(1) 1135.

régi par un code particulier. On y concerta des mesures propres à régulariser, conséquemment à rendre plus utiles, les expéditions dirigées contre les Maures.

C'était surtout en ce qui touchait l'établissement des impôts, qu'on regardait comme indispensable l'intervention des cortès. On la supposait également nécessaire en matière de législation, suivant l'usage toujours observé. On citait des princes qui avaient porté des lois sans leur concours; mais ces exemples constataient plutôt une dérogation à la règle que l'extension de la prérogative de la couronne.

Appelées par leur institution à l'examen de toutes les affaires dont la discussion appartenait antérieurement aux conciles nationaux, les cortès ne restèrent d'abord étrangères à aucune de celles qui se liaient aux véritables intérêts de l'état. Sanche III et Ferdinand II régnèrent simultanément après Alphonse VII, leur père, l'un en Castille, l'autre à Léon. Ce dernier survécut à son frère et conçut le dessein de priver de sa succession Alphonse VIII, son fils, encore enfant. A cet effet, il convoqua les cortès à Soria (1); mais loin de se prêter à ses vues, elles reconnurent solennellement les droits du légitime héritier du trône. Plus tard (2), elles sanctionèrent à Burgos, les dispositions testamentaires

(1) 1162.
(1) 1169.

de Sanche III, qui fixaient à quinze ans la majorité des rois ; et elles enjoignirent aux gouverneurs des places, aux officiers de justice de jurer obéissance à Alphonse VIII, qui venait d'atteindre cet âge, mais que don Manrique de Lara, l'un des ses tuteurs, avait déjà fait déclarer majeur, sans recourir aux formalités ordinaires.

Au bout de sept ans (1), les cortès reparurent dans la capitale de la Castille. Alphonse VIII, que ses brillantes qualités avaient fait surnommer le Noble, leur proposa de voter la perception d'une taxe de cinq maravédis ou de douze sous d'or sur chaque *hidalgo* ou gentilhomme, pour couvrir les dépenses du siège de Cuença, auxquelles le peuple épuisé ne pouvait plus subvenir. La brusque retraite de la noblesse, entraînée par la vigoureuse éloquence de don Pédro de Lara, défenseur des immunités de cet ordre, les empêcha de rien résoudre.

Elles se réunirent, dans la suite (2), avec plus de fruit, pour un semblable objet, à Carrion de los Condes ; mais ce ne fut qu'en s'en tenant à la coutume qui laissait tous les tributs à la charge d'une seule classe de citoyens. Elles ratifièrent, au même lieu, dans une autre session (3), les conventions stipulées pour le

(1) 1176.
(2) 1188.
(3) 1196.

mariage de Bérengère, fille aînée d'Alphonse VIII, avec Alphonse IX, fils de Ferdinand II, époux séparé de Thérèse de Portugal, sa cousine-germaine. Assemblées à Valladolid (1), pendant la minorité de Henri I.er, fils du roi de Castille, elles sollicitèrent la même Bérengère de reprendre la régence qu'elle avait abandonnée, par une fatale condescendance, après le décès d'Eléonore d'Angleterre, sa mère, à don Alvarez de Lara, seigneur ambitieux, avide et pervers. L'année suivante (2), elles reçurent, dans la même ville, l'abdication de cette princesse, devenue reine à la mort de son frère, et proclamèrent en sa place Ferdinand III, son fils, qui succéda également à son père.

Les rois de Castille, ainsi que tous les autres dynastes chrétiens de la péninsule, pressaient avec une continuelle vigueur les Maures, déjà resserrés dans les provinces que baigne la méditerranée ou l'océan, de l'embouchure de l'Ebre au cap Saint-Vincent. Les querelles particulières de ces princes ne les détournaient qu'accidentellement de ce dessein principal. Leurs sujets partageaient leur ardeur pour cette guerre nationale. Les cortès signalaient leur patriotisme par des sacrifices sans cesse réitérés. Alphonse VIII et Ferdinand III durent le succès

(1) 1216.
(2) 1217.

de leurs armes et leurs brillantes conquêtes
autant aux subsides, aux secours de toute espèce
que leur accordèrent ces assemblées, qu'à leur
propre génie et à la valeur de leurs troupes.

On a vu que sous les Visigoths, la justice
était administrée par des juges placés dans
chaque ville ou dans chaque diocèse. Depuis,
cet état de choses avait éprouvé très-peu de
variations. La seule peut-être était la faculté
concédée aux justiciables d'appeler au jugement
du roi des sentences de leurs magistrats. Ferdinand III ou saint Ferdinand établit le conseil
souverain de Castille, soit pour connaître de
ces appels, devenus très-fréquens, soit pour
l'aider à expédier les affaires administratives,
auxquelles il ne pouvait donner une attention
suffisante. Cette institution cependant n'affaiblit
en aucune sorte la prépondérance des cortès.

Les juges inférieurs prirent le nom de corrégidors, de régidors ou d'alcaldes mayores. Les
premiers exerçaient leurs fonctions dans les
cités; les autres, dans les villes, bourgs et
villages.

Les seigneurs avaient profité des circonstances
pour s'arroger le droit exclusif de rendre la
justice dans l'étendue de leurs domaines. C'est
ce qui arrivait alors dans tous les pays de
l'Europe, soumis au régime des fiefs. Cette
usurpation concordait mal avec le système de
gouvernement de la Castille. Les derniers rois

avaient essayé d'introduire une jurisprudence plus conforme au génie national. Leurs tentatives étaient restées sans succès. On tarda long-temps encore à atteindre ce but.

Ferdinand III confia aux plus habiles juris-consultes de son temps, le soin de réunir en un seul corps de droit toutes les lois du royaume. Ce nouveau code, que l'on accompagna d'une glose, puisée dans la législation romaine et dans celle des Goths, reçut le nom de *las partidas*, qu'il conserve encore aujourd'hui.

Lé même prince plaça dans les provinces des adelantados ou lieutenans-généraux, pour la haute administration et le commandement des troupes. A ces officiers, ont succédé dépuis, avec des attributions plus étendues, les vice-rois, les capitaines généraux ou gouverneurs politiques et militaires.

CHAPITRE VI.

Progrès de l'autorité des cortès sous Alphonse X et Sanche IV.

1252. — 1294.

Le règne de Saint Ferdinand fut suivi de celui d'Alphonse X, surnommé le Sage. On ne doutait pas que ce prince ne marchât sur les traces de son père. Il venait tout récemment de se couvrir de gloire à la tête d'une armée envoyée contre les Maures de Murcie. Les Castillans saluèrent avec enthousiasme son avénement; mais de nombreux défauts voilèrent bientôt les qualités qui lui avaient acquis l'admiration de l'Espagne. Il commit de grandes fautes dans l'exercice de la souveraine puissance. Il se montra bizarre, léger, capricieux. Il épuisa ses finances par de vaines profusions, tâcha de les relever au moyen de fréquens changemens dans les monnaies, et par ces ruineuses opérations, aliéna tous les esprits. La révolte éclata en Andalousie (1). L'infant don Henri, l'un des

(1) 1256.

frères du roi, et plusieurs des principaux seigneurs y prirent une part très-active. Alphonse parvint à éteindre cet incendie (1). Ligué ensuite avec Jacques le Conquérant, roi d'Aragon, il porta le fer et la flamme dans les états d'Alhamar et d'Hudiel, rois de Grenade et de Murcie, qui avaient prêté leur appui aux rebelles.

Cette guerre était à peine terminée qu'un nouvel orage s'éleva en Castille (2). Alphonse X avait marié Béatrix, sa fille naturelle, à Alphonse III, roi de Portugal. Il céda à ce prince quelques villes situées sur les confins de l'Andalousie et du royaume des Algarves, à la charge de les tenir à foi et hommage ; mais il renonça presque aussitôt à ce droit de suzeraineté. Cette double concession, qui avait eu lieu, à ce qu'il parait, sans l'aveu préalable des cortès, excita le mécontentement d'un certain nombre de grands. L'infant don Philippe, second frère du roi, et don Nunez de Lara, homme présomptueux et violent, étaient à leur tête. Le roi de Grenade, qui cherchait à réparer ses pertes, leur promit des secours. Une armée se forma, auprès de Palencia, sous les ordres de cette noblesse turbulente. Alphonse effrayé, appela les cortès à Burgos (3). La sagesse de

(1) 1262.
(2) 1265.
(3) 1271.

leurs délibérations ne put modérer l'emporte-ment des révoltés ; le décès d'Alhamar (1) amena cet heureux résultat.

Le calme se rétablit ; mais Alphonse, malgré les représentations des trois ordres réunis à Almagro, ne prit aucune mesure pour en assurer la durée. Il ne fut plus occupé que du projet de faire valoir de chimériques prétentions à l'em-pire. Après la mort de Guillaume de Hollande, roi des Romains, les électeurs s'étaient partagés sur le choix de son successeur. Les uns avaient donné leur suffrage au roi de Castille ; les autres , à Richard, comte de Cornouailles, frère de Henri III, roi d'Angleterre. Le premier accepta le titre d'empereur, sans rien faire d'ailleurs pour le soutenir ; le second, plus actif, se rendit aux vœux de ses partisans, et lutta, pendant seize années , contre la faction opposée. Il mourut avec le regret de n'avoir pu vaincre sa résistance. Les princes allemands , fatigués de leurs longues divisions, les termi-minèrent par l'élection de Rodolphe , comte de Hapsbourg, tige de la maison d'Autriche. Le pape Grégroire X applaudit à leur conduite. Alphonse imagina .cependant qu'il lui serait facile de l'engager à se prononcer en sa faveur. Dans cette persuasion , il entreprit un voyage en

____

(1) 1273.

France, où ce pontife s'était rendu pour la célébration d'un concile général (1).

Non-seulement il ne retira pas le moindre avantage de cette démarche tardive, mais son absence exposa même son royaume aux plus imminens dangers. Dès qu'il eut passé les Pyrénées, Mahomet-Al-Fakir, fils et successeur d'Alhamar, et Jacob-Aben-Joseph, roi de Maroc, entrèrent en Andalousie, suivis de troupes innombrables. Tout plia devant eux. Don Nunez de Lara et don Sanche d'Aragon, archevêque de Tolède, qui essayèrent d'arrêter leurs progrès, furent successivement battus et tués. Une maladie subite mit au tombeau Ferdinand de la Cerda, fils aîné du roi. Il laissait deux enfans, dont l'extrême jeunesse n'offrait aucune ressource. La Castille touchait au moment de subir l'humiliation du joug musulman. Elle dut son salut au courage et à l'habileté de Sanche, second fils d'Alphonse.

Du sein des plus vives alarmes, les Castillans passèrent subitement aux transports d'une joie immodérée. Sanche profita de cette exaltation. Brûlé de la soif de régner, il savait qu'il ne pouvait s'élever au trône qu'en empêchant ses neveux d'y monter. Il n'eut point de peine à faire entendre à la nation, que celui qui venait de la préserver du dernier malheur, était plus

____

(1) 1274.

propre à la gouverner que des princes en bas âge. Alphonse s'opposait seul à l'exhédération de ses petits-fils. L'ambitieux infant l'obligea de s'en remettre à la décision des cortès. On les assembla à cet effet à Ségovie (1). Composées d'hommes dévoués à Sanche, ou tout au moins remplis de l'idée qu'il serait avantageux à la Castille de l'avoir un jour pour roi, elles se montrèrent entièrement favorables à ses désirs. On interpréta diversement leur décrêt. Pour lever tous les doutes, elles le confirmèrent, cinq ans après, à Séville (2). Alphonse désolé, proposa de donner en apanage le royaume de Murcie aux jeunes La-Cerda. Ce projet fut rejeté.

Enhardi par ces succès, Sanche conçut la pensée de forcer son père à lui céder immédiatement le sceptre. En diminuant de nouveau le poids et le titre des espèces d'or et d'argent, Alphonse avait encore une fois indisposé ses sujets. Son coupable fils les détermina facilement à seconder son ambition. Il prit les armes. Le roi eut recours aux cortès, dont il indiqua la prompte réunion à Tolède (3). Il se flattait que leur intervention déjouerait les complots trâmés contre lui; mais Sanche lui ôta cette espérance, en les convoquant de son côté à Valladolid. Ceux

(1) 1276.
(2) 1281.
(3) 1282.

qui devaient former l'assemblée, se rendirent presque tous dans cette dernière ville. Ils y déposérent Alphonse et transférèrent ses droits à son fils.

Alphonse X se retira en Andalousie, où il conservait de zélés partisans. Il obtint de la générosité d'Aben-Joseph une armée, recrutée en Afrique, avec laquelle il tenta inutilement de recouvrer son autorité.

Son décès arrivé bientôt après (1), mit fin à la guerre civile. Sanche s'affermit. Toutefois, il ne perdait pas de vue qu'il devait la couronne à la partialité des cortès. Il usait de toute sorte de ménagemens envers les chefs des maisons honorées de la grandesse, membres nés de ce grand corps, devenu très-redoutable au pouvoir royal. Malgré sa fierté naturelle, il se pliait à leur caprices, dans l'espoir de parvenir insensiblement à les dominer; mais il y en eut qui poussèrent trop loin leurs exigences. Tel fut don Lopez de Haro, qui pressait le roi de répudier sa femme, Marie de Molina, pour former de nouveaux nœuds avec une de ses parentes, dont il pensait que le crédit étendrait et fortifierait le sien. Sanche regarda sa proposition comme une insulte. Il ne put dissimuler son indignation. Lopez ne cacha pas mieux son ressentiment. Il éclata en plaintes et en reproches,

____

(1) 1284.

et alla même jusqu'à s'unir à la faction dévouée aux petits-fils du roi défunt, lesquels se préparaient à faire valoir leurs prétentions. Sanche ordonna de l'arrêter en plein conseil. Ce seigneur était présent. Il tira brusquement son épée et courut sur le roi pour le percer; mais il fut saisi par les personnes qui environnaient le monarque, et tomba frappé de plusieurs coups.

Ses parens et ses amis, animés du désir de venger sa mort, se jetèrent dans le parti des princes de la Cerda. Ils ouvrirent l'entrée du royaume à l'aîné, nommé Alphonse, qu'appuyait fortement Alphonse III, roi d'Aragon. Le plus jeune des frères du roi, l'infant don Juan, gendre de Haro, se rangea parmi les révoltés. Son exemple entraîna la plupart des grands et une portion considérable du peuple. Sanche semblait devoir être accablé; mais les ressources de son génie suppléérent à l'infériorité de ses forces. Après avoir essuyé de cruels revers, il ramena la victoire sous ses drapaux, et dissipa la ligue qui menaçait de le détrôner.

CHAPITRE VII.

Continuation des progrès de l'autorité des cortès.
Règnes de Ferdinand IV et d'Alphonse XI.

1295. — 1350.

SANCHE IV eut pour successeur Ferdinand IV, son fils, surnommé l'Ajourné. Ce nouveau roi n'avait que huit ans. Sa mère fut déclarée régente. Un prince du sang, depuis long-temps oublié, l'infant don Henri, frère d'Alphonse X, esprit brouillon et inquiet, lui contesta le droit de manier seule les affaires, et demanda en conséquence à lui être associé. Il eut été dangereux de l'irriter par un refus; la reine n'avait que trop d'ennemis à combattre. Don Juan et la Cerda, encouragés par la faiblesse apparente d'une minorité, projetaient le démembrement du royaume. Les grands volaient en foule sous leurs bannières. Les rois de France, d'Aragon, de Portugal leur envoyaient de puissantes armées; le roi de Grenade suivait ce mouvement général dans son intérêt personnel. Marie consulta les

cortès à Valladolid (1), et, d'après leur avis,
consentit à se donner un collégue; mais elle
ne lui concéda qu'un vain titre, et se réserva
l'essence de la souveraineté. Elle détacha ensuite
le roi de Portugal de la coalition, en lui pro-
posant le mariage de sa fille avec le jeune roi.
Les Français étaient entrés en Biscaye. Le
soulèvement des Flamands obligea Philippe-le-
Bel de les rappeler. La Cerda fut vaincu près
de Léon, et contraint de se sauver au-delà
des Pyrénées. L'infant don Juan, resté seul
aux environs d'Astorga, rentra dans le devoir.
Un traité conclu à Turiason, avec Jacques II,
frère d'Alphonse III, roi d'Aragon, acheva de
rendre la paix à la Castille.

Après ces heureux événemens, la reine tint
de nouveau les cortès à Valladolid (2). Elle y rendit compte de son administration. Les députés,
transportés d'admiration, couvrirent son discours
d'applaudissemens, et lui donnèrent, tout d'une
voix, le glorieux surnom de mère de la patrie.

Son fils se montra moins reconnaissant envers
elle. Dès qu'il fut majeur, il l'éloigna de la
cour, par le conseil de ses oncles, de don Juan
de Haro et de don Juan de Lara, ses favoris,
jaloux de l'ascendant de cette princesse; mais
il reconnut presque aussitôt sa faute et s'empressa de la réparer.

(1) 1295.
(2) 1303.

Don Diégo de Haro s'était mis en possession des grands biens de don Lopez, son frère; l'infant don Juan les réclamait, au nom de sa femme. Ils soutenaient l'un et l'autre leurs prétentions les armes à la main. Le roi les pressa vainement de terminer leur différend par de plus douces voies. Leur obstination l'irrita. A sa demande, les cortès rendirent à Médina del Campo (1), un décret qui leur ordonnait de licencier leurs troupes, sous peine d'être déclarés ennemis de l'état. Don Juan parut obéir. Ferdinand IV fit la guerre à son adversaire, mais avec assez peu de succès.

Ce prince mourut à la fleur de l'âge (2). Il ne laissait qu'un enfant au berceau. Ce fut Alphonse XI. Quatre prétendans se disputèrent la régence : Constance de Portugal, veuve du dernier roi; Marie de Molina, sa mère; l'infant don Pèdro, son frère; l'infant don Juan, son oncle. Leur rivalité amena d'affreux désordres. Pour les faire cesser, ils convinrent, à la suite de longs débats, de soumettre leurs droits respectifs au jugement des cortès, qui furent, à cette fin, convoquées à Palencia. (3)

C'est par où l'on aurait du commencer. Quoique l'autorité des cortès ne reposat que sur des coutûmes incertaines, elle était solidement

(1) 1306.
(2) 1312.
(3) 1313.

établie dans l'opinion publique. On a déjà remarqué qu'on pensait qu'il fallait son concours
pour apporter un changement quelconque aux
lois en vigueur, en promulguer de nouvelles,
rendre licite la perception de tout nouveau
subside. Ne devait-on pas le croire également
nécéssaire lorsqu'il s'agissait du choix d'un régent? Aucune règle n'indiquait à qui se trouvait
dévolue la tutelle d'un roi mineur. Tantôt,
elle avait été confiée aux reines mères; tantôt,
aux collatéraux de l'un ou de l'autre sexe; en
diverses circonstances, à de simples seigneurs.

L'assemblée de Palencia procéda avec une
louable circonspection. Les deux reines étaient
présentes dans la ville, chacune à la tête d'une
armée; on les invita à ne pas gêner la liberté
des suffrages. Le décès de Constance diminua
les difficultés. On décida que la reine ayeule
serait chargée de l'éducation du roi; que don
Juan aurait la souveraine administration du
royaume; don Pédro la direction de la guerre.

Le pouvoir cependant demeura dans les mains
de la reine; la vanité de don Juan acheva de
l'y fixer. Don Pédro avait fait une incursion
heureuse chez les Maures. On célébrait sa valeur. Le vieux infant fut choqué de ces éloges;
il ne vit plus dans son neveu qu'un rival odieux,
et chercha par toutes les voies possibles, à
déprécier son mérite, à noircir sa réputation.

Il l'accusa de ne s'être signalé contre les infidèles que dans le but de faire servir ses exploits à son avantage particulier. Sans ajouter une entière foi à cette calomnie, les grands proposèrent, d'obliger les régens de donner au roi des garanties de leur fidélité. Les cortès agitèrent cette question à Burgos (1), puis à Carrion de los Condes (2). Il fut statué que les deux infans livreraient leurs domaines, pour être mis en sequestre entre les mains des agens du fisc. Don Juan était au comble de la joie; il supposait que don Pédro, sensible à cet affront, ne garderait plus aucune mesure, et perdrait ainsi la confiance et l'amour de la nation. La soumission de ce prince trompa ses espérances, mais n'éteignit pas sa haine.

La régente, qu'alarmaient ses mauvaises dispositions, se hâta de rappeler les cortès à Valladolid (3). Elle leur exposa, en peu de mots, la triste situation de la Castille, continuellement menacée de nouveaux troubles, par suite de la mésintelligence des deux infants; elle réclama leur secours pour rendre aux peuples effrayés une entière sécurité; et leur présenta comme l'unique moyen d'atteindre ce but, le partage du commandement militaire entre les deux prin-

(1) 1316.
(2) 1317.
(3) 1318.

ces désunis. On adopta sa proposition. Don Juan, à qui elle ouvrait enfin la carrière de la gloire, offrit de bonne grace son amitié à don Pédro; celui-ci s'engagea par réciprocité à ne rien faire désormais que de concert avec lui; et la reine, à la faveur de leurs nouvelles occupations, jouit de plus d'autorité que jamais.

Les deux régents entrèrent ensemble sur les terres des Musulmans (1). Ils ravagèrent la campagne qui s'étend d'Alcaudete à la rivière de Salado; ils se saisirent d'Alcala la Réale, brûlèrent les faubourgs d'Illora et s'avancèrent jusques sous les remparts de Grenade. La médiocrité de leurs forces ne leur permettait pas de pousser plus loin leur témérité. Ils reprirent la route de Castille; mais les Maures, qui, d'abord, n'avaient osé leur opposer la moindre résistance, les poursuivirent dans leur retraite, et les atteignirent bientôt. Le combat devint inévitable. Les Castillans harassés, furent aisément renversés et rompus; les infants tombèrent morts l'un et l'autre, sans avoir été frappés.

Trois membres de la famille royale aspirèrent à l'honneur de remplacer ces deux malheureux princes au timon des affaires: don Juan, surnommé le Borgne, fils de ce même don Juan, qui venait de périr; don Juan-Emmanuel, neveu d'Alphonse X; don Alphonse

(1) 1319.

de Molina, frère de la reine. Celle-ci essaya en vain de retenir les rênes du gouvernement. La nation, qui croyait ses rivaux capables d'abaisser l'orgueil des Maures, appuyait leurs prétentions de ses vœux. Ces trois ambitieux profitèrent de cette erreur. Chacun d'eux s'empara d'une partie du royaume et s'y rendit maître absolu (1). Les cortès, par une délibération, prise à Burgos, approuvèrent leur conduite. Marie étonnée, mais non abattue, indiqua une nouvelle session à Palencia. Elle se proposait d'y faire adopter des résolutions vigoureuses contre ces tyrans ; mais sa mort fit échouer ses généreux desseins (2).

L'anarchie continua de dévorer la Castille. Ce fléau ne cessa qu'à la majorité d'Alphonse XI, proclamée par les cortès, réunies à Valladolid (3). Alphonse de Molina s'empressa d'obéir au décrêt qui lui ôtait la régence. Ses deux collégues tentèrent de se maintenir dans leur usurpation. Le jeune roi les gagna tous deux : don Juan-Emmanuel, en lui faisant accroire qu'il épouserait sa fille ; don Juan le Borgne, en lui promettant la main de sa sœur. Ce dernier, qu'il attira auprès de lui à Toro, sous prétexte d'y faire célébrer ses noces, fut poignardé par ses

(1) 1321.
(2) 1322.
(3) 1325.

ordres et sous ses yeux, au milieu d'un splendide festin.

Après cet horrible meurtre, Alphonse poursuivit la punition de tous les partisans des régents, avec une inflexible sévérité, qui lui fit donner le surnom de Vengeur ou de Justicier. Il y eut cependant encore des séditions, excitées par le mécontentement de don Juan-Emmanuel et par la haine que les grands portaient aux ministres du roi, don Garcie-Lasso de la Véga et don Alvaro Ozorio.

Lorsque la révolte fut entièrement réprimée, Alphonse XI tourna ses armes contre les Maures. Les cortès, assemblées à Madrid (1), lui assignèrent des fonds pour cette expédition ; mais elles demandèrent en même temps, qu'un juif, nommé Joseph, almoxarife ou grand-trésorier de la couronne, rendit un compte exact de ceux dont il avait eu jusques là le maniement. Ce financier était généralement haï. On obligea le roi de lui retirer sa confiance, et de plus, on régla que son emploi ne pourrait à l'avenir être rempli que par un chrétien. On posa en principe, dans cette même conjoncture, que les peuples ne seraient en aucun cas assujettis à d'autres taxes que celles dont les cortès auraient délibéré l'établissement.

Pendant que le roi de Castille obtenait au

____

(1) 1329.

fond de l'Andalousie d'éclatans avantages sur les généraux de Mahomet V, roi de Grenade, don Juan de Lara et don Juan de Haro, associés au ressentiment mal assoupi de don Juan-Emmanuel, soulevaient les Biscayens. L'assassinat du monarque Musulman et l'animosité des factions qui, depuis, déchirèrent ses états, laissèrent à Alphonse le loisir de punir la turbulence de ces seigneurs. Lara fut dépouillé de ses meilleures places; Haro fait prisonnier et condamné au dernier supplice. Mais don Juan-Emmanuel suscita de plus redoutables ennemis à son souverain. Alphonse le Brave, roi de Portugal ; Alphonse-le-Débonnaire, roi d'Aragon ; Philippe d'Evreux, roi de Navarre ; Gaston, comte de Foix, se déclarèrent simultanément en faveur de ce rebelle. Alphonse XI triompha de leurs efforts, leur offrit la paix à des conditions honorables, et fléchi par la soumission du moteur de la guerre, lui pardonna ses intrigues et ses désobéissances réïtérées.

Il usa d'une égale indulgence envers une foule de grands, qui avaient, à différentes reprises, imité l'indocilité de cet infant ; mais il lui parut indispensable de concerter les moyens de les empêcher de remuer de nouveau. Il communiqua sa pensée aux cortès, appelées à Burgos (1). Cet illustre corps comprenait parfaitement

____

(1) 1338.

sa mission. Il savait qu'elle embrassait à-la-fois l'obligation de protéger les libertés publiques contre les envahissemens de la puissance royale, et celle de préserver le trône des atteintes de la licence. Dans cette occasion, il exigea de la haute noblesse la remise des forteresses et des châteaux dont la possession servait à entretenir son esprit d'insubordination et lui procurait la malheureuse facilité de vexer et de tyranniser le peuple.

Alphonse XI remporta dans les champs de Tariffa, une victoire mémorable sur Albohacen, roi de Maroc (1). Elle fut suivie du siège d'Algéziras, ville alors très-importante, à cause de son port, où venaient aboutir les flottes africaines. Le roi manquait d'argent pour cette entreprise. Il avait distribué à ses troupes, sans en rien réserver, l'immense butin fait sur les infidèles. Ses sujets déjà surchargés d'impôts, n'auraient pu en supporter d'autres. Les habitans de Madrid lui avaient offert un don gratuit; Philippe de Valois, roi de France, quoique lui-même très-obéré, lui prêta cinquante mille écus d'or; le pape Clément VI lui accorda des décimes sur le clergé; mais ces ressources étaient loin de suffire à tous les besoins. Enfin, les cortès autorisèrent à Burgos (2), la levée de l'Alcavala,

(1) 1340.
(2) 1341.

tribut en usage permi les Maures, et qui consistait en un droit de cinq pour cent sur le
prix de toutes les marchandises vendues dans
l'étendue du royaume. Les négocians, dàns les
mains desquels les officiers et les soldats avaient
fait passer leurs richesses, se soumirent volontairement à cette taxe, dont la perception
était limitée à la durée de la résistance qu'op-
poserait la place assiégée ; mais lors d'une
nouvelle convocation, qui eut lieu huit ans
après (1), à Alcala de Henarez, les cortès la
prorogèrent pour fournir aux frais d'une expédition contre Gibraltar, et depuis, elle s'est
toujours maintenue.

L'assemblée d'Alcala de Henarez fut très-ora-
geuse. Les députés de Burgos étaient dans l'habitude d'opiner les premiers, par le motif sans
doute qu'ils représentaient la capitale de la
monarchie. Ceux de Tolède réclamaient cet
honneur, fondés sur ce qu'avant l'invasion des
Maures, leur ville avait été décorée du titre de
Métropole de toute l'Espagne. On discuta long-
temps. C'était de part et d'autre la même opi-
niâtreté. Les trois ordres se partagèrent, et ce
défaut d'unanimité rendit la solution impossible.
Le roi trouva un expédient qui termina l'affaire
au gré des deux députations. Il fut convenu
que celle de Burgos continuerait à jouir de la

(1) 1349.

prérogative dont elle se montrait si jalouse; que
celle de Tolède occuperait une place distincte,
et que lorsqu'on prendrait le suffrage des cités,
le roi dirait : « Tolède fera ma volonté, je le
» déclare en son nom; que Burgos émette son
» avis. »

Cette formalité fut dans la suite exactement
observée. Comment les envoyés de Tolède ne
s'apperçurent-ils pas qu'en leur garantissant
l'avantage illusoire de l'égalité de préséance avec
ceux de Burgos, elle les privait réellement du
droit d'exprimer leur opinion?

CHAPITRE VIII.

Règne de Pierre-le-Cruel. Rivalité de ce prince et de Henri de Transtamare, son frère naturel. Conduite des cortès.

1350. — 1369.

On s'était insensiblement accoûtumé, depuis un demi siècle, à ne voir disparaître les cortès que pour de courts intervalles. La multiplicité, la gravité même des affaires avaient rendu leurs assemblées beaucoup plus fréquentes, sans qu'il y eut cependant à cet égard de principe mieux établi qu'auparavant. Pierre-le-Cruel, fils d'Alphonse XI, monarque dont le surnom indique le caractère, ne les réunit que deux fois pendant son règne, qui fut de dix-neuf ans : d'abord à Burgos (1), puis à Séville (2).

Lors de la première de ces deux convocations, le sceptre semblait prêt à lui échapper. Ses fureurs avaient armé contre lui ses frères na-

(1) 1355.
(2) 1362.

turels, chéris des Castillans, autant qu'il en était lui-même abhorré, la plupart des seigneurs, les bourgeois des meilleures villes. On voulait le contraindre à gouverner selon les lois et les règles de l'équité. Il méprisa ce mouvement. Les confédérés le surprirent dans Toro et résolurent de provoquer sa déchéance. Il descendit alors aux supplications; il promit tout ce qu'on exigea de lui, et l'on consentit à lui laisser un pouvoir qu'on se flattait d'avoir suffisamment limité. Les cortès lui accordèrent un léger subside, pour l'aider à rétablir l'ordre dans l'état. Il l'employa à lever des troupes, et se joua de ses sermens. La Castille se couvrit d'échafauds ou de bûchers; des flots de sang coulèrent dans les cités qui avaient fait partie de la ligue.

Pierre n'épargna pas sa propre famille. Sa femme, Blanche de Bourbon, l'une des plus belles et des plus aimables princesses de l'Europe, trois fils d'Alphonse XI et d'autres membres de la maison royale, grossirent le nombre des malheureuses victimes immolées à sa vengeance.

C'est à la suite de ces cruautés, et au moment d'en exercer de nouvelles, que Pierre tint les cortès à Séville. Il avait tout récemment perdu un fils naturel, objet de ses prédilections. Il lui restait encore trois filles de la même mère, Marie de Padilla, sa maîtresse favorite, et un second fils, né de Jeanne de Castro, veuve de don Diégo de Haro. Sa tendresse pour ces quatre enfans redoubla à la mort de leur frère. Il conçut le projet de les faire déclarer habiles à lui succéder, et le soumit à la délibération des cortès, qui lui montrèrent en cette occasion une complaisance dont on ne peut trouver la cause que dans la crainte qu'il inspirait. Elles approuvèrent un acte, rédigé en forme de testament, par lequel il appelait ses filles au trône, après elles, leur frère, préférablement à ses collatéraux légitimes, et en excluait à jamais les enfans naturels de son père. N'était-ce pas offrir à ces derniers un moyen d'y parvenir, si les circonstances changeaient? C'est ce qui ne tarda pas à arriver.

L'aîné de ces princes, Henri, comte de Transtamare, se réfugia en Aragon. Charles V, roi de France, lui envoya les grandes compagnies, ou les compagnies blanches, ramas de soldats de divers pays, licenciés à la paix de Bretigny, et transformés en véritables brigands. Le vulgaire les nommait pillards ou malandrins. Transtamare parut dans la Vielle-Castille, à la tête de cette milice, forte de trente mille hommes. Les peuples se précipitèrent en foule au devant de lui. On le porta comme en triomphe à Burgos; on le pressa de prendre le titre de roi (1). Il ne l'accepta que sur les vives instances de

____

(1) 1366.

Bertrand du Guesclin, qui commandait les aventuriers mis à sa solde.

Un de ses premiers actes fut de convoquer les cortès dans la capitale. Malgré les résolutions prises à Séville, elles ne mirent point en question ses droits à la couronne. La nation fatiguée de la tyrannie de son roi, se soumettait sans examen à un prince juste et bon, qu'elle jugeait capable de lui faire oublier ses longues souffrances. Les cortès lui prêtèrent serment de fidélité, ainsi qu'à Jean son fils, et pour le mettre à même de payer les services des grandes compagnies, elles doublèrent temporairement la taxe de l'Alcavala, en l'élevant au dixième des objets vendus.

Pierre, abandonné de ses sujets, alla implorer à Bordeaux la pitié d'Edouard, prince de Galles, fils du roi d'Angleterre. Ce héros le ramena en Espagne. La bataille de Navarrete replaça les Castillans sous le joug qu'ils venaient de briser. Pierre les traita en vainqueur irrité, au mépris des promesses qu'il avait faites à son généreux protecteur; mais une troisième révolution, tout aussi subite que les deux précédentes, changea bientôt leur sort.

Henri s'était retiré en Languedoc. L'amitié de Charles V abrégea son exil. Suivi d'une armée que lui fournit ce puissant allié, il rentra en Castille, où le rappelaient les vœux et les regrets de toute la nation. Son frère avait de son côté sollicité et obtenu l'appui de Mahomet-Lagus, roi de Grenade. Une action décisive eut lieu près de Montiel, gros bourg de la Manche. Pierre fut vaincu (1); il lutta encore quelque temps contre sa mauvaise fortune, et périt de la propre main de Henri, dans la tente du Bégue de Vilaine, officier français, à la loyauté duquel il s'était livré, et qui, par un concours de circonstances, indépendantes de sa volonté, se trouva hors d'état de le soustraire, comme il le désirait, aux regards de son heureux rival.

(1) 1369.

CHAPITRE IX.

Avénement de Henri II au trône de Castille.
Ses efforts pour étendre le pouvoir royal.
Opposition des cortès.

1369. — 1379.

Avec la vie de Pierre-le-Cruel avait fini la branche légitime des rois issus de Raymond de Bourgogne, gendre d'Alphonse VI, dernier prince de la maison de Bigorre. Henri II commença une tige bâtarde. Il fut universellement reconnu, malgré le vice de sa naissance. On lui pardonna son fratricide avec la même facilité. Ses qualités séduisantes lui avaient gagné tous les cœurs.

Il joignait à l'art de plaire celui de donner ou de récompenser à propos, ce qui le fit surnommer le Libéral ou le Magnifique. Il gratifia en grand roi, les français auxquels il devait son rétablissement; il distribua aussi des sommes très-considérables à ceux de ses partisans qui l'avaient servi avec le plus d'ardeur. Ces largesses jetèrent de l'embarras dans les finances.

La guerre vint aggraver le mal. Ferdinand, roi de Portugal, arrière-petit-fils de Sanche IV, par Béatrix, son ayeule; deux fils d'Edouard III, le duc de Lancastre et le comte de Cambridge, époux de deux filles naturelles de Pierre-le-Cruel, réclamèrent à-la-fois la couronne. Pierre-le-Cérémonieux, roi d'Aragon, convoitait le royaume de Murcie; Charles-le-Mauvais, roi de Navarre, élevait des prétentions sur la Rîoja et l'Alava, contrées voisines de l'Ebre, qui lui convenaient admirablement; le roi de Grenade songeait à recouvrer Algeziras.

Il fallait pourvoir à la défense de la monarchie. Les ressources du trésor royal étaient évidemment insuffisantes pour fournir aux dépenses qu'exigeaient d'immenses préparatifs. Henri II pouvait en trouver de nouvelles dans l'amour des Castillans; mais il lui répugnait de proposer l'établissement de nouveaux impôts. Il préféra de faire battre de la monnaie de bas aloi. On frappa des cruzades du poids d'un maravédis, auxquelles on donna la valeur de trois de ces pièces, et des réaux plus légers de moitié que ceux qui avaient eu cours jusques-là. Cet expédient remplit aussitôt les coffres du roi; mais ce fut au détriment du peuple, et conséquemment au préjudice de l'état.

Après que Henri II, dont la fortune seconda la valeur, eut contraint ses nombreux ennemis de se désister de leurs desseins, les cortès, convoquées à Toro (1), le déterminèrent à retirer de la circulation les espèces affaiblies, et à en faire fabriquer d'un titre supérieur.

Dans cette même session, elles refusèrent d'adopter un plan d'administration qui tendait à faire passer dans la main du roi les *Béhétrias* ou villes libres. On désignait sous ce nom un certain nombre de cités de la Vieille-Castille, entre lesquelles subsistait, depuis très-long-temps une sorte de fédération, devenue la garantie de leurs franchises particulières. Chacune d'elles jouissait du droit de se choisir un magistrat, pour soigner ses intérêts, assurer le bon ordre, régler sa police intérieure. Tous les habitans concouraient à l'élection. Leurs suffrages se réunissaient communément sur un grand du royaume, plus capable que tout autre de les protéger et de les défendre contre les vexations ou les usurpations des seigneurs voisins. Ils lui accordaient un gros traitement ; ils l'accompagnaient dans ses guerres privées, contribuaient à payer la dot de ses filles. On sent quel puissant obstacle devaient opposer aux volontés du roi les villes jalouses de conserver leurs privilèges, et la haute noblesse, habituée à en retirer de si précieux avantages. !

(1) 1375.

CHAPITRE X.

*Evénemens des huit premières années du règne
de Jean I.er*

1379. — 1387.

JEAN I.er, héritier de la puissance de Henri II,
son père, le fut aussi de l'affection que lui
portaient les Castillans. A son avénement, le
roi de Portugal et les deux gendres de Pierre-
le-Cruel renouvelèrent leurs prétentions. Les
cortès prirent à Burgos (1), des mesures propres à effrayer ces princes sur les suites d'une
agression. Le premier se rapprocha du roi de
Castille. Il avait une fille unique, nommée Béatrix, fruit malheureux de son union scanda-
leuse avec la femme de don Martin de Menezès.
Il proposa à Jean de la donner en mariage à
Henri, son fils aîné, à peine âgé de deux ans.

Ses ambassadeurs furent reçus à Soria, dans
une séance solennelle des cortès (2). On y agréa
ses offres, en stipulant que l'hymen projeté,

(1) 1380.
(2) 1381.

qui devait amener la réunion des deux peuples
sous le même sceptre, ne serait célébré que
lorsque les deux futurs époux pourraient ra-
tifier l'engagement pris en leur nom.

Cette alliance déplaisait aux Portugais, mor-
tels ennemis des Castillans. Leur roi y renonça, et
offrit la main de Béatrix au comte de Cambridge,
pour Edouard, son fils, depuis duc d'Yorck.
Cette démarche devint le signal d'une rupture.
Jean entra en Portugal. Au moment de livrer
bataille, Ferdinand demanda la paix. Il l'obtint,
à condition de marier sa fille au second fils du
roi de Castille, Ferdinand, duc de Pénafiel.

Mais bientôt, Jean, veuf d'Eléonore d'Aragon,
épousa lui-même Béatrix. Les Portugais craignaient de perdre leur indépendance. Pour les
rassurer, on régla que les enfans qui naîtraient de
la nouvelle reine de Castille, hériteraient seuls de
ses droits, et qu'en aucun cas, leurs frères du
premier lit ne leur seraient substitués. Les cortès
approuvèrent ces conventions à Ségovie (1),
où l'on statua aussi, sur la proposition de
don Pédro Ténorio, archevêque de Tolède,
que l'on compterait, à l'avenir, les années d'après
l'ère chrétienne, au lieu de celle de César, que
l'on avait jusqu'alors suivie.

La même année, Ferdinand termina sa carrière. Jean s'attendait à réunir, sans le moindre
empêchement, son royaume à la Castille ; mais

(1) 1383.

les Portugais repoussèrent sa domination, et élurent pour roi Jean, grand-maître de l'ordre d'Avis, frère naturel du monarque défunt. La guerre éclata entre ses deux concurrens. La sanglante journée d'Aljubarota ruina les espérances de Jean I.er. Le grand-maître s'affermit sur le trône. En même temps, le duc de Lancastre débarqua à la Corogne, traversa rapidement la Galice et pénétra dans le royaume de Léon. Le roi de Castille conclut avec ce dernier prince un traité par lequel il s'engagea à donner à sa femme, pour la porter à se désister de ses prétentions, les villes d'Olmédo, de Médina del Campo et de Guadalaxara, outre une pension annuelle de deux cents mille réaux (1) et une indemnité de deux millions, quatre cents mille réaux (2). On convint de plus du mariage de Henri, fils aîné du roi, avec Catherine, fille du duc de Lancastre, laquelle recevrait pour sa dot les villes de Soria, Atiença, Almazan et Molina.

Les cortès confirmèrent ce traité à Birviesga (3) et reconnurent Henri en qualité de prince des Asturies, titre que lui conféra son père, et qui, depuis, demeura affecté aux fils aînés des rois de Castille, au lieu de celui de premier infant, qui les distinguait auparavant.

(1) Cinquante mille francs.
(2) Six cents mille francs.
(3) 1387.

Les frais de la guerre avaient absorbé tout l'argent dont on pouvait disposer. On ne savait où puiser pour réaliser les sommes promises à la duchesse de Lancastre. Les cortès votèrent l'établissement d'une imposition personnelle, à laquelle les citoyens de toutes les classes devaient être également assujettis. Ce décrêt ne passa qu'avec d'extrêmes difficultés. L'opposition des évêques et des seigneurs prolongea singulièrement la délibération. Les premiers soutenaient que le paiement des décimes dont les souverains pontifes avaient, à diverses reprises, autorisé la levée, dispensait le clergé de tout autre sacrifice envers l'état; les grands prétendaient de leur côté n'être tenus qu'à l'obligation du service militaire.

Soit penchant réel, soit par l'instinct de son propre intérêt, la bourgeoisie montrait le plus absolu dévouement à l'autorité royale. Ses orateurs combattirent avec chaleur les objections des deux autres ordres. Ceux-ci cédèrent; mais on ne tarda pas à voir que c'était à regret. Ils refusèrent d'acquitter la taxe. Le roi renonça au projet d'en faire opérer la rentrée, et se contenta de la demander, par forme d'emprunt, à ceux de ses sujets qui supportaient le poids des contributions ordinaires, en diminution desquelles il leur fit précompter cette avance, dans un assez court délai.

CHAPITRE XI.

*Suite du règne de Jean I.ᵉʳ. Célèbre assemblée
des cortès à Guadalaxara.*

1387. — 1390.

L'ARCHEVÊQUE de Tolède avait ménagé une
trêve de six ans avec le Portugal. Jean I.ᵉ
profita du loisir qu'elle lui laissa, pour rassembler les cortès à Guadalaxara (1).

Des conseillers perfides ou mal habiles lui
avaient persuadé que les dispositions des Portugais changeraient à son égard, s'il cessait de
régner sur la Castille. Il se proposait en conséquence d'abdiquer la couronne en faveur du
prince des Asturies, afin d'assurer à sa famille
l'héritage de son beau-père. Il communiqua ce dessein à l'assemblée. Après une courte délibération,
les trois ordres déclarèrent unanimement, qu'ils
ne verraient pas sans effroi un roi capable et
en âge de gouverner long-temps ses états, le

____

(1) 1390.

transmettre à un enfant dont la minorité les exposerait à de nouvelles commotions ; qu'ils ne donneraient jamais leur consentement à cette substitution, incompatible avec le repos de la Castille. Ils ajoutèrent que ce serait s'abuser d'ailleurs, que d'imaginer qu'une nation fière, ennemie de tout joug étranger, abandonnat volontairement le souverain de son choix, après avoir versé son sang pour le maintenir sur le trône. Jean n'insista pas. Il revint à de meilleures idées, et s'abstint d'une démarche qui l'aurait déconsidéré aux yeux de l'Europe entière.

On traita ensuite de différens objets. On accorda une amnistie générale à ceux qui avaient pris parti pour le nouveau roi de Portugal ou la duchesse de Lancastre. Alphonse, comte de Gijon, fils naturel de Henri II, fut seul excepté. Son rang, la confiance dont le roi l'avait honoré, rendaient sa faute plus grave. On le condamna à une réclusion perpétuelle. Il était alors enfermé dans la forteresse d'Almonacid. On le transféra dans celle de Monterey, où il demeura sous la garde de don Pédro Nunez, grand-maître de Saint-Jacques. On voit ici pour la première fois des législateurs s'attribuer eux-mêmes le droit de prononcer sur le sort des coupables, qui devaient être déférés aux tribunaux.

Un usage très-préjudiciable au clergé castillan

s'était introduit dans la collation des bénéfices. Le plus souvent, les papes les conféraient, sous le titre de prévention, de réserve apostolique ou de grâce expectative, à des ecclésiastiques italiens ou français, qui allaient les solliciter auprès d'eux. Il résultait de là que toute émulation s'éteignait parmi les prêtres indigènes, toujours incertains de leur avenir. On soumit à ce sujet de justes observations à Clément VII, élevé à la papauté, après l'élection précipitée d'Urbain VI, et sous l'obédience duquel la Castille, à l'exemple de la France, venait de se ranger.

Les grands continuaient de juger souverainement les procès de leurs vassaux. Jean désirait avec ardeur de les dépouiller d'une prérogative qui restreignait la sienne. A sa demande, et malgré leurs protestations, on arrêta qu'il serait permis de relever appel de leurs jugemens devant les tribunaux ordinaires. On rentrait ainsi dans l'esprit des institutions de la monarchie, suivant lesquelles la justice émanait du roi.

Après cette affaire, on en discuta une plus délicate encore. Les seigneurs de la Biscaye et des diocèses de Burgos et de Calahorra avaient usurpé les dîmes des paroisses. Ils en donnaient seulement une très-faible portion à des prêtres mercenaires qui se chargeaient de célébrer le service divin. Les évêques réclamaient sur ce point l'exécution des canons du septième concile de Latran, qui défendent aux laïques de s'approprier les revenus des églises. La noblesse leur opposait sa longue possession, dont l'origine remontait à l'expulsion des Maures; les hauts faits d'armes, qui l'avaient motivée ; le silence non interrompu des souverains pontifes. On entendit divers jurisconsultes touchant cette question. Les deux ordres luttaient, dit la chronique du temps, à forces à-peu-près égales. Le troisième pouvait seul faire pencher la balance de l'un ou de l'autre côté ; mais le roi, qui prévoyait que la décision serait favorable aux prélats, et qui ne voulait pas achever d'irriter les grands, la fit indéfiniment ajourner.

On publia d'utiles réglemens sur le commerce et l'agriculture.

La milice du royaume attira aussi l'attention des cortès. Les troupes étaient toujours licenciées lorsque la guerre cessait. Elles se dispersaient dans les campagnes, s'y livraient au brigandage, ou, quelquefois, cependant, à la culture des terres. On détermina qu'on entretiendrait désormais un corps permanent de quatre mille homme d'armes, quinze cents chevaux légers et mille archers. Cette force militaire devait être à la solde du roi, soumise à une exacte discipline et répartie dans les places les plus rapprochées des frontières, pour veiller constamment à leur sûreté.

L'assemblée s'occupa enfin des subsides annuels. La suspension des hostilités permettait d'alléger le peuple d'une partie de ce fardeau. C'était, disait-on, un bienfait dont on ne pouvait trop se hâter de le faire jouir. Jean croyait au contraire qu'il importait d'en éloigner l'époque. Il alléguait, à l'appui de son opinion, la nécessité de pourvoir aux dépenses de sa maison, sensiblement augmentées par le mariage de son fils aîné et la présence à la cour de la reine douairière de Portugal, sa belle-mère. On lui représenta qu'une sévère économie dans l'emploi des fonds lui procurerait le double avantage de soutenir l'éclat de la majesté royale et de soulager la nation. Cette libre remontrance ne lui déplut pas. Il promit de retrancher la moitié des gages de tous les officiers du palais. Sa condescendance applanit les difficultés. On convint de modérer les impôts ; on chercha même à les rendre moins onéreux par une meilleure régie et une répartition plus équitable. On chargea du soin de préparer et de suivre ce dernier travail neuf commissaires choisis dans les trois ordres; savoir : don Pédro Ténorio, archevêque de Tolède ; Frédéric, duc de Benavente, frère naturel du roi ; Pédro, comte de Transtamare, son cousin, et un député de chacune des villes de Burgos, Tolède, Léon, Séville, Cordoue, Murcie.

Après la séparation des cortès, ces délégués examinèrent la gestion des dépositaires des deniers publics. Ils y découvrirent des concussions, des malversations sans nombre. La mort inopinée de Jean I.er les empêcha de provoquer la punition des comptables infidèles et de présenter, comme ils l'avaient projeté, un plan des réformes à tenter, pour simplifier les opérations très-compliquées de l'administration des finances.

CHAPITRE XII.

Minorité de Henri III. Divisions de ses nombreux tuteurs. Intervention inefficace des cortès.

1390. — 1393.

Au décès de Jean I.ᵉʳ, la Castille retomba dans le désordre et la confusion. Le prince des Asturies, proclamé roi sous le nom de Henri III, n'était encore âgé que de onze ans. Le testament de son père le soumettait à un conseil de tutelle, composé de l'archevêque de Tolède, de celui de Saint-Jacques, don Juan Manriquez; de quatre grands : Alphonse d'Aragon, marquis de Villéna, connétable; don Pédro de Mendoza, majordôme ou grand-maître de la garde robe du roi; don Gonzale de Gusman, grand-maître d'Alcantara; Alphonse, comte de Niébla, son frère, et de six prud'hommes, à prendre dans les mêmes cités d'où l'on avait tiré les membres de la commission récemment instituée pour corriger les abus provenant du prélèvement des droits du fisc. L'orgueil et l'ambition divisèrent ces nombreux régens. Ténorio manifestait le désir d'exercer sans rival la puissance souveraine; Manriquez, l'intention d'exclure les laïques. Les seigneurs refusaient de reconnaître la supériorité qu'affectaient sur eux ces deux prélats, et traitaient à leur tour, avec dédain, les bourgeois associés à leurs fonctions. Ces derniers, pour lutter avec moins de désavantage, demandaient l'adjonction des princes du sang, dont ils espéraient se faire des protecteurs.

Ce défaut de concorde ne pouvait avoir que de funestes suites. La cour se remplit de dissensions et de cabales. L'esprit de faction se répandit de la capitale dans toutes les provinces. Des troubles, signes précurseurs d'un ébranlement général, éclatèrent en différentes localités.

Au sein de cette agitation, les hommes sensés ne virent de ressource que dans la convocation des cortès. On les réunit à Madrid (1), dans l'église de Saint-Sauveur. L'archevêque de Tolède, dominé par la pensée que cette assemblée jugerait convenable de mettre entre les mains d'un seul administrateur le pouvoir conféré au conseil de régence, supposait qu'elle ne le placerait que dans les siennes. Il prononça un

____

(1) 1391.

long discours qui décélait en lui cette préoccu-
pation. Après avoir cherché à établir par des
exemples tirés de l'écriture sainte et de l'histoire
ancienne, suivant le faux goût d'érudition de
ce siècle, qu'un empire avait plus besoin des
lumières d'un habile ministre, que des bras
des plus vaillans guerriers, et célébré, à l'aide
d'allusions, puisées aux mêmes sources, la
mémoire du monarque dont on regrettait la
perte, il fit une vive peinture des malheurs
presque inséparables d'une minorité, en re-
traçant les principaux événemens de celles de
Ramire III, d'Alphonse V, d'Alphonse VIII,
de Henri I.er, de Ferdinand IV, d'Alphonse XI.
Il ajouta à ce tableau celui des déchiremens
intérieurs de la Castille depuis l'avénement de
Henri III. Il montra le danger qu'il y aurait
de continuer à partager l'autorité, et conclut
par engager ses auditeurs à la confier à une
personne capable de rétablir promptement la
tranquillité publique.

On n'avait prêté qu'une faible attention à la
harangue de ce prolixe orateur. Prévoyant qu'on
ne se rangerait pas facilement à son opinion,
Tenorio tenta un dernier effort pour la faire
prévaloir, ou parvenir du moins à ce qu'on ne
s'en écartat pas en entier. Il invoqua les dispositions d'une loi insérée dans le code dit de
las *Partidas*, lesquelles portaient qu'il ne de-

vait être placé à la tête du gouvernement, sous un prince mineur, qu'un régent, ou trois, ou cinq, ou sept tout au plus. Mais on ne tint nul compte de sa citation, et loin de diminuer le nombre des tuteurs du roi, on l'augmenta considérablement. On joignit à ceux qu'avait désignés Jean Ier, le duc de Benavente, le comte de Transtamare, don Pédro Nunez et don Lorenzo Suarez de Figucroa, grands-maîtres, l'un de Saint-Jacques, l'autre de Calatrava; Pédro Lopez de Ayala, alcalde-mayor ou magistrat supérieur de Tolède; Pédro Suarez, adelantado, autrement gouverneur de Léon; Garcia Gonzalès, maréchal de Castille; don Alvarez-Perez Osorio, don Ruyz-Ponce de Léon, outre dix nouveaux députés des villes représentées.

On n'eut pas lieu de s'applaudir de cette nouvelle combinaison. L'archevêque de Tolède, trompé dans ses espérances, quitta brusquement la cour. Le duc de Benavente, le connétable, le major-dôme, le grand-maître d'Alcantara le suivirent. Chacun de ces seigneurs était mécontent de n'avoir à l'administration qu'une part égale à celle de ses collégues. En imitant l'exemple donné par le primat, ils obéissaient comme lui à l'inspiration de l'amour-propre blessé. Ils levèrent des troupes et marchèrent sur Valladolid, où se trouvaient les autres membres de la régence. Ceux-ci se mirent en mesure de repousser cette agression. La guerre civile allait embraser le royaume. La médiation d'Eléonore, reine de Navarre, sœur de Jean I.er, éloigna momentanément ce fléau. On convint d'une conférence pour travailler à rétablir l'ordre et le calme dans l'état. Elle se tint à Pérales, village près de Simancas. Manriquez, qui, depuis la retraite de l'Archevêque de Tolède, aspirait à se rendre maître absolu des affaires, se couvrit du masque de conciliateur. Il proposa cette alternative : ou de régler la forme du gouvernement d'après les dispositions du testament du feu roi, ou d'adopter, sans restriction, les changemens opérés par les cortès de Madrid. Ni l'un ni l'autre de ces deux partis n'était du goût de Tenorio et de ses adhérens. Le primat cependant se détermina pour le premier, à la condition qu'on admettrait dans le conseil, avec les anciens régents ou gouverneurs, le duc de Benavente, le comte de Transtamare et le grand-maître de Saint-Jacques.

Ce projet fut présenté aux cortès, assemblées à Burgos (1). L'archevêque de Saint-Jacques n'avait pas osé le combattre pendant la conférence, de crainte de trahir son secret ou de s'attirer la haine des trois seigneurs dont l'archevêque de Tolède cherchait à flatter la vanité.

(1) 1391.

Il ne montra pas plus d'audace dans la suite; mais il la suppléa par la ruse.

Depuis deux ans, le comte de Gijon languissait dans la captivité. Manriquez brisa ses fers, et réclama pour lui la faveur que l'on paraissait disposé à accorder aux autres infans. C'était un infaillible moyen de contrebalancer l'influence de ces derniers. Sa demande fut d'abord mal accueillie. Le comte de Gijon avait peu d'amis ; on redoutait d'ailleurs sa turbulence. Tenorio parla contre lui, sans le moindre ménagement, et conclut au rejet de la proposition de Manriquez. Celui-ci répliqua. Les députés se partagèrent. Après avoir perdu beaucoup de temps à débattre cette question, on ne sut imaginer rien de mieux que de la soumettre au jugement de Gonçalès, évêque de Ségovie, très-versé dans l'histoire, et d'Alvaro Martinez, docteur fameux en droit civil et canonique ; mais ces deux arbitres ne purent s'accorder. On en revint aux suffrages publics, qui furent favorables au comte de Gijon, grâces à l'officieuse intervention de la reine de Navarre.

Il y eut donc alors seize régents. Les germes de discorde qui existaient entre eux, se développèrent avec une extrême rapidité. Leurs querelles, auxquelles préludèrent les deux oncles du roi, prolongèrent les maux de l'anarchie. L'archevêque de Saint-Jacques et le comte de Gijon, s'unirent pour contraindre le duc de

Benavente de se retirer dans ses terres. Ils voulaient écarter encore tous ceux de leurs rivaux dont le crédit leur faisait ombrage. Le connétable et le comte de Niébla essayèrent en vain de traverser leurs desseins. L'archevêque de Tolède ne réussit pas mieux, quoiqu'il eut mis dans ses intérêts la plupart des représentans des cités. Il fut arrêté à Zamora, et ne recouvra la liberté que par l'entremise de Dominique de Florence, évêque d'Alby, nonce apostolique en Castille.

Le désir de la vengeance ramena Tenorio à la cour. Il associa à ses projets le marquis de Villéna et le duc de Benavente, rappelé de son exil. On éloigna le comte de Gijon. Manriquez tremblait de perdre l'ascendant qu'il avait acquis; il s'attacha au grand-maître d'Alcantara, pour le conserver. Chacune de ces factions s'appuya sur la force des armes; elles luttèrent avec un incroyable acharnement, et ne parurent s'entendre que pour consommer la ruine de l'état.

CHAPITRE XIII.

Déclaration de la majorité de Henri III. Suite du règne de ce prince. Minorité de Jean II.

1393. — 1410.

LE systême d'administration auquel la Castille devait ses nouvelles plaies, disparut enfin. Trois hommes d'une probité sévère, don Juan Hurtado de Mendoza, alferez-mayor ou grand enseigne du royaume ; don Diégo-Lopez de Estuniga, premier chambellan, et Don Ruyz d'Avalos, qui ceignit depuis l'épée de connétable, avaient gagné la confiance du jeune roi. Leurs leçons éclairaient et formaient son esprit ; elles élevaient son ame et la rendaient capable d'un généreux élan. A peine sorti de l'enfance, Henri comprit que ses tuteurs n'étaient que les tyrans de ses sujets. Il se détermina à secouer leur joug. Quoiqu'il n'eut pas encore accompli sa quatorzième année, il déclara sa majorité, en présence des prélats et des grands, assemblés au monastère de las Huelgas à Burgos (1). On applaudit à sa résolution. Les gouverneurs cachèrent leur dépit sous les démonstrations d'une joie feinte. L'archevêque de Saint-Jacques, moins dissimulé, cette fois, laissa voir le fond de sa pensée. Il entreprit de faire l'apologie de sa conduite ; il énuméra les obstacles dont son infatigable zèle avait triomphé ; il indiqua les causes qui s'étaient opposées à ce qu'il obtint un succès plus complet ; il protesta de la pureté de ses intentions, et sollicita l'honneur d'aider son souverain de ses conseils, afin d'achever, sous sa direction, ce qu'il n'avait eu que le loisir d'ébaucher durant sa minorité. Henri perdit patience. « Tout le temps que j'ai été votre » pupille, répondit-il brusquement au prélat, » vous m'avez trouvé docile à vos avis ; main- » tenant, je suis roi : je ne laisserai pas de ré- » clamer vos services, si les besoins de mes » peuples l'exigent ; mais soyez certain toute- » fois, que je sais très-bien ce que je dois faire. »

Trois mois après (2), ce prince convoqua les cortès à Madrid. Il leur fit part des puissans motifs qui l'avaient porté à prendre en main les rênes du gouvernement avant l'époque déterminée par les lois et l'usage constant de la monarchie ; il dit de plus que la gravité des

(1) Août 1393.
(2) Novembre 1393.

circonstances ne lui avait pas permis d'entourer d'abord sa démarche des solennités ordinaires; mais qu'il espérait qu'elle n'en obtiendrait pas moins l'approbation des représentans de la nation.

Il s'exprimait avec grâce et naïveté. On ne pouvait d'ailleurs que lui savoir gré d'un acte d'autorité qui avait fait cesser la cruelle oppression sous laquelle gémissait la Castille. L'assemblée le combla de louanges et lui témoigna sa reconnaissance par de vives acclamations.

Les régents avaient dissipé les finances. Le roi manquait de tout; il n'avait pas trouvé à l'épargne de quoi fournir à l'entretien journalier de sa maison. Il hasarda la demande d'un léger subside. On lui représenta que le peuple, accablé sous le poids des impôts, serait hors d'état d'en supporter l'accroissement; qu'il était vraisemblable que les revenus ordinaires de la couronne suffiraient au paiement des dépenses publiques, considérablement diminuées par la suppression du traitement des gouverneurs (1); et qu'il n'y avait donc pas une indispensable nécessité de recourir pour cet objet à des voies extraordinaires. C'était annoncer un refus. Le monarque retira sa proposition. Il se dédommagea en exigeant de ses tuteurs un compte rigoureux des

____

(1) Voir la note n.° 2.

deniers du trésor dont ils avaient eu le maniement ; en les forçant de restituer les sommes qu'ils avaient détournées à leur profit, et de rembourser le montant des grosses pensions qu'ils avaient touchées.

Ces ressources lui permirent même, plus tard, de se passer du produit d'un ancien impôt, appelé *moneda*, monnaie, qui retombait uniquement sur les cultivateurs, et qui, suivant ses désirs, fut supprimé par les cortès, dans une session tenue à Tordesillas (1), où l'on fit encore un règlement propre à réprimer les exactions dont se rendaient coupables les receveurs des différentes contributions.

Henri III vécut trop peu pour le bonheur des Castillans. Ses infirmités habituelles, suite d'une complexion très-délicate, le conduisirent au tombeau, dans la seizième année de son règne (2), au moment où il venait de réunir les cortès à Tolède, pour leur communiquer le projet d'une expédition contre les Maures.

Il n'avait qu'un fils âgé de vingt-deux mois. Les grands, qui redoutaient les orages d'une nouvelle minorité, pressaient don Ferdinand, son frère, de franchir l'intervalle, qui le séparait du trône. Leurs instances ne purent ébran-

(1) 1401.
(2) 25 Décembre 1406.

ler la fidélité de ce généreux prince. Au bout
de peu de jours, il parut dans l'église métro-
politaine, où les cortès tenaient leurs séances.
La noblesse lui réitéra inutilement ses propositions. Don Ruyz d'Avalos, qui croyait sa modération nuisible à la prospérité de l'état, lui
adressa cette brusque interpellation : « qui voulez-
» vous enfin que nous proclamions roi? — Qui
» donc? si non, mon neveu, répondit sèche-
» ment l'infant. » Aussitôt toute l'assemblée
» s'écria : « Castille pour le roi Jean II, notre
» seigneur! que Dieu veille sur lui. »

Catherine de Lancastre, veuve de Henri III,
avait fixé sa résidence à Ségovie. Le duc de
Pegnafiel y transféra les cortès (1). Elles dé-
cidèrent qu'il gouvernerait le royaume, con-
jointement avec cette princesse. On arrêta ce
partage de la régence par respect pour les dernières volontés du roi défunt. On montra moins
de scrupule sur un autre point. D'après le testament de Henri, l'éducation du nouveau roi
devait être confiée à don Diégo Lopez de Estuniga, à don Juan de Velasco et à Pablo, évêque
de Carthagène. La reine déclara qu'elle ne se
reposerait sur personne d'un aussi noble soin,
et l'on consentit à tout ce qu'elle exigea, en as-
signant un dédommagement pécuniaire aux trois
individus qu'elle privait de leurs fonctions.

____

(1) 1407.

Les infidèles menaçaient les frontières d'Andalousie. On les obligea de lever les siéges de
Baëza et de Jaën. On alla faire chez eux ceux
d'Ayamonte et de Zahara. On désirait les pousser avec vigueur. Les cortès, assemblées à Guadalaxara (1), accordèrent cent cinquante mille
ducats (2) au régent, pour les frais de cette
guerre, à condition qu'il en réglerait et en sur-
veillerait lui-même l'emploi. On prit les deux
places assiégées. On investit encore celle d'Antequéra, autrement importante. Cent mille
Maures entreprirent de la délivrer. Ils furent
complétement défaits par vingt mille Castillans (3); victoire éclatante, qui rangea l'infant
don Ferdinand parmi les plus habiles capitaines
de son siècle et lui ouvrit le chemin du trône
d'Aragon, qu'avaient successivement occupé les
deux frères de sa mère.

(1) 1409.
(2) Environ un million de francs.
(3) 6 mai 1410.

CHAPITRE XIV.

De l'Aragon. Extinction de la seconde dynastie de ses rois. La couronne passe, par élection, dans la maison de Bourgogne-Castille.

1410. — 1412.

Le royaume d'Aragon était originairement héréditaire, même aux filles, comme celui de Castille et de Léon. Ramire II, troisième fils de Sanche-Ramire, et petit-fils de Ramire I.er, prince qui tint le sceptre après Pierre I.er et Alphonse I.er, ses frères, le céda (1) à Pétronille, sa fille unique, en la mariant à Raymond-Bérenger IV, comte de Barcelone. Cette princesse, dont le fils aîné, Alphonse II, commença une nouvelle dynastie, fit porter par les états (2), une loi qui excluait les femmes de la couronne, de manière cependant que leurs héritiers mâles

(1) 1137.
(2) 1163.

pouvaient y parvenir, différente en cela de la loi salique, proprement dite, qui n'admettant pas les droits des femmes, ne reconnaît pas mieux ceux de leur descendance masculine.

La maison de Barcelone régna sur l'Aragon l'espace de deux cents quarante-huit ans. Elle offrit une suite de dix rois, en ligne directe ou collatérale, dont le dernier fut Martin, second fils de Pierre IV. Il mourut trois semaines après la bataille d'Antequéra (1). Son fils unique, nommé aussi Martin, roi de Sicile, du chef de sa femme, l'avait précédé dans la tombe.

Cinq princes prétendaient à la succession de ce monarque : 1.º Louis, duc de Calabre, fils de Louis II d'Anjou, roi de Naples, et d'Yolande, fille du roi Jean I.er, devenue sa seule héritière par le décès de Jeanne, comtesse de Foix, sa sœur aînée, qui n'avait pas laissé d'enfans; 2.º Ferdinand, duc de Pégnafiel, régent de Castille, né d'Eléonore, fille de Pierre IV, père de Jean I.er; 3.º Jacques, comte d'Urgel, arrière petit-fils, par agnation, d'Alphonse IV, aïeul de Martin; 4.º Alphonse, duc de Gandie, petit-fils de l'infant don Pédro, quatrième fils de Jacques II, père d'Alphonse IV; 5.º Frédéric, comte de Luna, fils naturel de Martin, roi de Sicile, que le pape Benoît XIII, à la prière de son aïeul, avait promis de légitimer.

(1) 3o Mai 1410.

Le jour même de sa mort, Martin, pressé par les seigneurs de sa cour, de désigner son successeur, avait déclaré qu'il s'en remettait au choix que feraient les états-généraux de la monarchie. Le comte d'Urgel, qui croyait avoir au trône d'incontestables droits, mais qui ne voulait pas les exposer aux chances d'un arbitrage, essaya de les faire valoir par la force. Don Juan Ximénès Cerdan, justice-majeur, et don Gilles Ruyz Lihorio, nommé lieutenant-général ou gouverneur du royaume, rompirent ses mesures, en engageant le conseil de régence, organisé sous leur autorité, à publier un décret qui enjoignait à tous les citoyens de prendre les armes contre celui des prétendans qui n'attendrait pas avec résignation le jugement de l'assemblée, qui devait donner un souverain à l'Aragon.

En même-temps, ces deux magistrats convoquèrent les états à Calatayud (1), et invitèrent ceux de Catalogne et de Valence, appelés quelques fois, parlemens, à y envoyer leurs députés.

Les Catalans, dirigés par un corps de notables, qu'animait l'amour du bien public, s'empressèrent d'accueillir cette proposition, en demandant néanmoins que l'on substituat, pour la tenue des états, la ville d'Alcaniz à celle de Calatayud, trop éloignée de leurs frontières.

(1) 1411.

Il fut plus difficile d'amener les Valenciens à un système de conduite conforme à l'intérêt commun des trois nations. Divisés en factions entre les puissantes familles des Balliéra, des Centellas et des Villaroël, ils ne parurent occupés d'abord que de leurs querelles particulières.

L'interrègne se prolongea. Le comte d'Urgel, qui ne perdait pas ses projets de vue, les reprit avec une nouvelle ardeur. Plusieurs seigneurs avaient embrassé sa cause. L'un d'eux, don Antonio de Luna, cherchait à lui procurer l'appui de l'archevêque de Saragosse, Garcia Hérédia, zélé partisan du duc de Calabre. Il le sollicita vainement. Quelque temps après, le prélat périt de la main de don Antonio, devenu son irréconciliable ennemi. Toutes les maisons que les liens du sang ou de l'amitié unissaient à celle de Hérédia, se concertèrent pour venger cet horrible attentat; leur juste ressentiment mit le royaume en combustion.

Ce ne fut qu'avec beaucoup de peine que le gouverneur et le grand-justicier parvinrent à rétablir le calme. Le comte d'Urgel leur donna encore de l'embarras, en jetant des troupes dans le royaume de Valence, où don Juan de Balliéra lui offrait de faire mouvoir en sa faveur un parti très-nombreux; mais la perte de la bataille de Morvédro le contraignit d'imiter la docilité de ses compétiteurs.

Alors, les états, composés des députés des trois provinces, ouvrirent leurs séances à Alcaniz (1), sous la présidence du justice-majeur. On y arrêta (2) : 1.° qu'il serait choisi neuf commissaires ou juges, pour examiner les droits des prétendans et déférer la couronne à celui qu'ils reconnaîtraient être le mieux fondé à la réclamer; 2.° que la décision de ces neuf électeurs serait définitive et sans appel ni révision; 3.° qu'ils se réuniraient dans une place forte dont la garnison demeurerait entièrement à leur disposition; 4.° qu'ils termineraient leur travail dans l'espace de deux mois, terme auquel ils auraient la faculté d'ajouter, s'ils le trouvaient nécessaire, deux autres mois, sans nouvelle autorisation.

Cela posé, on procéda à la nomination des neuf arbitres. Les Aragonais désignèrent Dominique Ram, évêque d'Huesca ; Francisco Aranda, simple gentilhomme, long-temps revêtu d'emplois éminens, retiré depuis dans un couvent de chartreux, où il vivait parmi les solitaires connus sous le nom de donnés ou d'oblats, sorte de frères convers; et Bérenger Bardaxin, savant jurisconsulte, orateur éloquent, regardé comme l'oracle de son pays. Le choix des Catalans se fixa sur Pédro Sagarriga, ar-

(1) 1412.
(2) 15 Février.

chevêque de Tarragone; Guillaume de Valséca et Bernard de Gualbès, deux célèbres docteurs en droit civil. Les Valenciens élurent l'illustre Vincent Ferrier, dominicain, que l'église a placé au rang des saints; Boniface Ferrier, son frère, prieur de la chartreuse de Porta-Céli; et Ginez Rabaza, avocat distingué. Ce dernier étant tombé en démence, ou, suivant une autre opinion, ayant feint un égarement d'esprit pour se dispenser d'une mission qui lui paraissait dangereuse, ses huit collégues lui substituèrent, avec l'agrément des états, Pédro Bertrand, canoniste très-renommé.

La haute noblesse avait brigué l'honneur de disposer du sceptre; mais cet ordre était partagé entre les compétiteurs. On ne pouvait attendre d'aucun de ses membres un jugement impartial sur l'importante question soumise aux méditations de l'assemblée. On agissait donc très-prudemment en accordant la préférence à des hommes des classes inférieures, demeurés toujours neutres, recommandables d'ailleurs par leurs lumières et leur probité.

Les électeurs se réunirent à Caspé, petite ville sur les bords de l'Ebre, à peu de distance de celle d'Alcaniz (1). On défendit aux princes d'approcher de plus près que de quatre lieues,

______

(1) 29 Mars 1412.

et d'amener à leur suite plus de vingt hommes armés. Leurs envoyés avaient toute liberté de se présenter, mais sans cortège militaire.

Il avait été décidé que celui des prétendans qui obtiendrait les neuf suffrages, ou au moins six, parmi lesquels un de chaque nation, serait sur-le-champ reconnu roi par les états et proclamé dans l'étendue des deux royaumes et de la principauté de Catalogne.

Avant de commencer leurs opérations, les commissaires jurèrent sur le livre des évangiles, de procéder avec calme et sans passion, à l'examen dont ils étaient chargés, et de prononcer ensuite selon ce que leur dicterait leur conscience. Ils s'engagèrent en outre à ne révéler à personne l'avis qui serait émis par chacun d'eux.

Ils adressèrent aux princes, des lettres de convocation. Peu de jours après, le duc de Gandie cessa de vivre. Son fils, Alphonse, comte de Denia, et don Juan, comte de Prades, son frère, se portèrent à-la-fois pour héritiers de ses prétentions ; l'un par représentation, l'autre comme plus rapproché de la tige royale. On admit en cette qualité le comte de Denia, préférablement à son oncle, par le motif que son père avait survécu au roi auquel il s'agissait de donner un successeur.

Les avocats ou fondés de pouvoirs des compétiteurs se rendirent à Caspé. Ils plaidèrent tour-à-tour leur cause, les uns en présence des autres. Les débats publics et solennels se prolongèrent durant trente jours. Après ce délai, les neuf juges s'enfermèrent dans le château, pour y délibérer en secret. Ils employèrent deux mois entiers à relire les mémoires, à vérifier les titres produits par chacun des prétendans. On sent que des hommes graves et consciencieux devaient apporter beaucoup de circonspection dans une affaire de l'issue de laquelle dépendait le sort de la monarchie.

L'ordre de successibilité dans la famille royale, en cas d'extinction de la ligne directe, n'était pas parfaitement réglé. La loi promulguée sous le règne de Pétronille, semblait bien appeler au trône les fils des infantes avant les princes des branches masculines, parens du dernier possesseur à un degré plus éloigné. Ainsi les ducs de Calabre et de Pégnafiel devaient précéder le nouveau duc de Gandie et le comte d'Urgel, à plus forte raison le comte de Luna, qui ne s'appuyait que sur une tardive légitimation. Mais jusqu'alors l'application de ce principe n'avait pas eu lieu, et les collatéraux dont elle contrariait les prétentions, soutenaient, non sans quelque fondement, que les femmes, légalement déchues de leurs droits, ne pouvaient les transmettre à leurs enfans.

Après cette question, s'élevait celle de savoir s'il fallait, dans le choix à faire entre les prétendans, avoir égard au droit de représentation, ou s'en tenir au droit de proximité. Dans la première hypothèse, Louis d'Anjou et le comte d'Urgel excluaient, l'un, l'infant de Castille ; l'autre, le duc de Gandie. Dans la seconde supposition, ces deux derniers princes l'emportaient au contraire sur leurs rivaux. Quant au bâtard de Sicile, l'opinion publique le repoussait.

On voit combien la tâche des électeurs devenait difficile. Leurs délibérations tenaient les esprits en suspends. On attendait avec une vive impatience leur décision. Convaincus enfin par une étude approfondie, que la coutume du royaume n'admettait pas la représentation, ils déclarèrent que la couronne appartenait à don Ferdinand, comme au plus prochain hoir mâle (1).

Plusieurs ont cru que les brillantes qualités du régent de Castille, la gloire dont il s'était couvert dans les champs d'Antequéra, avaient eu beaucoup d'influence sur la détermination des commissaires, plutôt chargés d'offrir aux Aragonais un roi capable de les rendre heureux, que de fixer les droits de ceux qui aspiraient à l'honneur de les gouverner. Cette conjecture est peut-être hasardée. Il est possible que le

(1) 28 Juin 1412.

choix des neuf électeurs parut fondé sur la justice, d'après les lois existantes, bien qu'à cet
égard les opinions aient infiniment varié depuis.
Quoiqu'il en soit, les états reconnurent Ferdinand, et lui prêtèrent serment de fidélité (1),
après qu'il eût lui-même juré devant le maître-
autel de l'église de Saint-Sauveur, à Saragosse,
entre les mains du grand-justicier, de conserver
les privilèges et les libertés des trois royaumes.
Le comte d'Urgel refusa seul de se soumettre
à son autorité. Assiégé dans la forteresse de
Balaguer, dépendante de son apanage, il fut
pris et condamné à une détention perpétuelle.

(1) 20 Août 1412.

CHAPITRE XV.

Longues dissensions en Castille , sous le faible gouvernement de Jean II. Humiliation des Cortès durant ces désordres. Influence des factions sur la plupart de leurs actes.

1410. — 1454.

Le jeune roi de Castille, privé de l'appui de son oncle, demeura sous la tutelle de sa mère. A la mort de cette princesse (1), il se mit à la tête du gouvernement, bien qu'il ne fut encore âgé que de treize ans. Les cortès réunies à Madrid (2), confirmèrent cette déclaration anticipée de sa majorité, en réglant toutefois, à cause de son défaut d'expérience, que jusqu'à sa quinzième année, les dépêches seraient contre-signées par deux membres de son conseil.

Jean donna toute sa confiance à don Alvare de Luna , homme presque inconnu, qu'un heureux hasard avait associé aux jeux de son

(1) 1418.
(2) 1419.

enfance. L'habileté de ce ministre suppléa à l'incapacité du monarque; mais son élévation éveilla la jalousie des fils du roi d'Aragon, établis en Castille, après le décès de leur père et l'avénement au trône d'Alphonse V, leur frère aîné. Deux de ces princes, Jean, roi de Navarre, par son mariage avec Blanche, héritière de ce royaume, et Henri, duc de Segorbe, grand-maître de Saint-Jacques, se flattaient de l'espoir d'être appelés à la direction des affaires. Trompés dans leur attente, ils bouleversèrent l'état pour venger cet affront. Pendant plus de vingt ans, la guerre civile ensanglanta la Castille. Le favori lutta courageusement contre ses ennemis, leur céda quelquefois par nécessité, finit par triompher de leur haine; mais succombant ensuite sous le poids de sa propre grandeur, il expia sur un échafaud, la faute d'avoir voulu servir un roi faible, en dépit des grands, jaloux de son pouvoir.

Durant ce règne orageux, les cortès jouèrent un rôle peu compatible avec leur dignité. Le premier ministre et ses ambitieux rivaux les asservirent tour-à-tour. Elles n'apparurent, à différentes reprises, que pour participer ou donner leur sanction aux actes les plus contradictoires. Constituées gardiennes des franchises nationales, elles devinrent infidèles à leur vocation, et ne furent plus que l'instrument docile de l'animosité des partis.

Le duc de Segorbe, maître du cours de l'Adaja et du Zapardiel, jusqu'au Duéro, avait surpris le roi à Tordesillas, et depuis, le retenait captif à Avila. Il attira dans cette dernière ville les députés de la nation (1), pour obtenir, par leur entremise, l'administration du royaume, et de plus, la main de l'infante Cathérine, fille de Henri III. Il les trouva disposés à seconder ses vœux; mais quelques mois après, Jean II ayant recouvré sa liberté, par l'adresse d'Alvare de Luna, ces mêmes représentans déclarèrent, dans une session, tenue à Madrid (2), don Henri coupable de félonie, et ses biens acquis en conséquence à la couronne.

Ce prince fut enfermé dans la citadelle de Mora. Le roi de Navarre le délivra. L'autorité royale fléchit. Alors, les cortès, qui venaient de se réunir à Toro (3), dominées de nouveau par la faction Aragonaise, prirent des précautions contre l'agrandissement de don Alvare, déjà revêtu de la charge de connétable, ôtée à don Ruyz d'Avalos, complice de la révolte des infans. La garde du roi se composait de mille hommes d'armes; on la réduisit à cent. On diminua considérablement la quantité des fonds destinés aux dépenses de sa maison. On statua

(1) 1424.
(2) 1424.
(3) 1426.

que ses libéralités envers les officiers de sa cour, seraient nulles ; s'il ne les ratifiait lorsqu'il aurait atteint sa vingt-cinquième année. Le grand-maître de Saint-Jacques s'était remis en possession de ses terres confisquées ; on légitima cette entreprise.

Le connétable se hâta de dissoudre une assemblée dont les délibérations ne tendaient qu'à détruire son crédit. Bientôt après, il consentit cependant à ce qu'elle reprît ses séances à Valladolid (1). Le roi de Navarre sollicitait cette nouvelle convocation, sous prétexte de faire restituer à son frère les revenus de ses domaines, saisis par les agens du fisc; mais en réalité afin d'accélérer la chute de don Alvare. Celui-ci pénétrait ses desseins; mais il ne se dissimulait pas qu'il fallait acquiescer à sa demande, ou en venir avec lui à une rupture ouverte. De fâcheux inconvéniens semblaient devoir résulter du choix de ce dernier parti. Le ministre se persuada que l'adoption du premier présentait des chances moins défavorables. Il ne tarda pas à se repentir de l'avoir préféré. On semait, depuis quelque temps, avec autant d'art que de persévérance, les bruits les plus injurieux à son honneur. On lui attribuait des attentats exécrables, on le signalait à l'attention publique comme l'unique cause des malheurs qui affli-

(1) 1427.

geaient la Castille. Les cortès accueillirent ces impostures. Elles feignirent de croire à d'immi-nens dangers ; elles pressèrent le roi de s'unir à ses cousins pour sauver la monarchie. Jean, tremblant de frayeur, permit qu'une junte ou commission de cinq personnes, prises parmi les rebelles, recherchat les actions du seul homme dont la fidélité ne pouvait lui être suspecte. Le connétable fut banni de la cour, et ses ad-versaires se partagèrent ses dépouilles.

De scandaleuses divisions éclatèrent entre le roi de Navarre et le duc de Segorbe. Elles produisirent des désordres qui tournèrent au profit de don Alvare. Le pouvoir échappa aux mains des infans et repassa dans les siennes. Ces deux princes, réconciliés, mais trop tard, par leur commune disgrâce, se virent contrains de quitter le royaume (1).

Le roi de Navarre reparut l'année suivante (2), à la tête d'une puissante armée. La fortune trahit son courage. Le roi d'Aragon, qui l'avait précédé, ne fut pas plus heureux. Ils regagnè-rent séparément leurs frontières, et ne purent empêcher le vainqueur de les franchir. Après la perte de plusieurs places, ils cherchèrent à faire la paix ; mais Jean II, qu'excitait le con-nétable, refusa d'entendre leurs ambassadeurs.

(1) 1428.
(2) 1429.

Les cortès furent convoquées à Burgos (1).
Elles se plièrent à la volonté du ministre. On
continua la guerre, et la victoire demeura fidèle aux Castillans. Les deux monarques, effrayés de leurs progrès, demandèrent et obtinrent
une trêve de cinq ans. Cette fois, don Alvare
ne jugea pas à propos de rejeter leurs propositions ; il croyait avoir suffisamment affermi
sa puissance. Le traité fut signé à Médina del
Campo, sous l'apparente médiation des cortès
(2). Il portait entre autres stipulations, que les
infants d'Aragon renonçaient à leur apanage, et
qu'ils ne rentreraient en Castille qu'avec l'agrément du roi.

A une ambition démesurée, don Alvare joignait
un véritable patriotisme. Dès qu'il eut abattu
l'orgueil de ses ennemis personnels, il résolut
de porter la guerre chez les Maures. Les circonstances favorisaient l'exécution de ce dessein.
Grenade était en proie à de funestes dissensions,
nées de la rivalité des descendans mâles d'Alhamar, fondateur de la monarchie, et de ceux de
Farady, gendre de son fils. Deux tribus célèbres,
les Zégris et les Abencerrages, s'y disputaient
le privilège de choisir et de déposer les rois.
Les membres de chacune des deux races royales
ne montaient au trône que pour en être aussi-

(1) 1429.
(2) 1430.

tôt précipités. Le sang coulait a grands flots ; tout annonçait la prochaine dissolution de l'état. Jean II, ou plutôt le connétable, qui commandait ses troupes, remporta de faciles avantages sur ce peuple désuni. Avant d'entrer en campagne, le roi avait consulté les cortès à Madrid (1). Elles s'étaient empressées de lui fournir les moyens de couvrir les frais de cette expédition, dont les brillans résultats comblèrent de joie toute l'Espagne chrétienne.

La trêve avec la Navarre et l'Aragon était sur le point d'expirer. On la prorogea. Cette nouvelle convention fut bientôt suivie de conférences entre les plénipotentiaires des trois royaumes, qui amenèrent un traité définitif. On arrêta le mariage de Henri, prince des Asturies, avec Blanche, fille aînée du roi de Navarre. Ce monarque et le duc de Segorbe, renoncèrent une seconde fois à la propriété de leurs terres patrimoniales, sous la réserve néanmoins d'une pension annuelle et viagère de dix mille florins d'or. Le roi de Castille s'obligea en outre de payer cinquante mille florins à don Henri, en représentation de la dot de sa femme.

Les cortès ratifièrent cet accord à Tolède (2). Don Alvare gouverna sans contradiction.

(1) 1433.
(2) 1437.

Les infants d'Aragon cessaient de lui inspirer des craintes; ils paraissaient expulsés pour jamais du royaume. Les événemens leur en rouvrirent cependant l'entrée.

Un de leurs zélés partisans, don Pédro Manrique, homme d'une humeur atrabilaire, caustique, inquiet, mais plein de droiture et de probité, s'exprimait avec une liberté, qui tenait de la rudesse, sur la conduite du connétable. On crut voir dans ses discours les indices d'un complot. On l'arrêta, pour intimider les conjurés; on le mena, sous bonne escorte, dans le château de Fuente-Duena. La noblesse prit hautement sa défense. Frédéric Henriquez, amirante ou grand amiral de Castille, les comtes de Médina-Céli, de Benavente, de Ledesma, donnèrent le signal de la révolte. Les villes les plus populeuses s'ébranlèrent à leur voix. Le roi de Navarre et don Henri accoururent; ils se saisirent, sans coup férir, de Médina del Campo, où se trouvait la cour; le malheureux Jean II retomba dans leurs fers.

La reine, Marie d'Aragon, et le prince des Asturies, incapables l'un et l'autre de discerner leurs véritables intérêts, servirent imprudemment les projets des rebelles. On leur déféra l'honneur de prononcer sur le sort de don Alvare, dont les juges rééls furent cependant l'amirante et don Fernando Alvarez de Tolède, comte d'Albe, placés auprès de Marie et de son fils, en qualité d'assesseurs. Ce comité déclara que le ministre avait prévariqué dans l'exercice de ses fonctions, et le condamna à un nouvel exil.

Le connétable pouvait facilement contester la légalité d'une semblable sentence. Ceux qui avaient conjuré sa ruine, cherchèrent à lui en ôter les moyens, en faisant intervenir les cortès (1), qui cédèrent à leurs exigences. On semblait oublier que le concours du roi était également indispensable. On ne lui donna pas même connaissance d'une résolution qui l'intéressait personnellement.

Cependant, la triste situation de ce prince excitait la compassion des classes inférieures du peuple. Elles manifestaient leur mécontentement. Pour se dérober à leurs importunes clameurs, les usurpateurs du pouvoir changeaient perpétuellement de résidence, traînant après eux l'infortuné monarque, sous le nom duquel ils opprimaient la Castille.

Le prince des Asturies rougit enfin de figurer parmi des factieux. Juan Pachéco, son confident, gagné par don Alvare, le tira secrètement de leurs mains, et le conduisit en toute hâte à Avila, où l'Evêque, don Lopez de Barriento, autrefois son précepteur, avait promis de le

____
(1) 1442.

recevoir. Une foule de grands se groupèrent autour de l'héritier de la couronne. De nombreuses troupes, venues de divers points de la monarchie, se réunirent sous son commandement. A la vue de cet élan presque général, le découragement s'empara des révoltés. Le roi s'échappa de leur camp. On marcha aussitôt contre eux ; on les battit près d'Olmédo (1). L'infant don Henri fut tué dans la mêlée ; le roi de Navarre prit la fuite.

Après cette victoire, don Alvare s'appropria la grande maîtrise de Saint-Jacques, vacante par la mort de don Henri. Ses amis attirèrent ensuite ses regards ; il récompensa magnifiquement leurs services. La plupart obtinrent de sa reconnaissance des dignités, des grades, des emplois, des gratifications pécuniaires. En même temps, il poursuivit avec ardeur la punition des auteurs de la dernière insurrection. Un arrêt des cortès, rendu, sur sa demande, à Valladolid (2), les obligea de sortir du royaume et les priva de leurs biens.

La Castille respirait. Don Alvare de Luna goûta encore huit ans le charme de la domination. Au bout de ce terme, il tomba du faîte des honneurs, pour ne plus se relever. Isabelle de Portugal, seconde femme du roi ; des sci-

____

(1) 1444.
(2) 1445.

gneurs rappelés de l'exil, d'autres, qui voyaient comme eux sa fortune d'un œil d'envie, avaient juré sa perte. Leurs intrigues multiplièrent le nombre de ses ennemis. Jean, vaincu par leurs instances, l'abandonna. On lui imputait des crimes atroces. Des juges iniques basèrent sur ces accusations, destituées de fondement, une condamnation (1), qui livra au bourreau un ministre auquel le roi devait l'affermissement de son trône; la nation, sa tranquillité.

(1) 1453.

CHAPITRE XVI.

Assemblées des cortès, tenues immédiatement après la mort de Jean II. Utilité de leurs travaux.— Henri IV. Faiblesse et fautes de ce prince. Subversion totale de l'état.

1454. — 1474.

JEAN II ne survécut qu'un an au supplice de don Alvare de Luna. La couronne était un fardeau trop pesant pour Henri IV, son fils. Pachéco, créé marquis de Villéna, l'aida d'abord à la porter. L'évêque d'Avila, transféré de ce siége à celui de Cuença, et nommé chef du conseil, dans les derniers jours de la vie de Jean, fut écarté, malgré ses titres à la faveur du nouveau roi. On assembla les cortès à Valladolid (1). Elles ne venaient pas, comme sous le règne précédent, pour revêtir les livrées du pouvoir ministériel, ou constater le triomphe d'une faction. Leurs travaux cessaient enfin d'offrir les traces de la servilité. Elles révoquè-

---

(1) 1454.

rent, après une libre discussion, peut-être même de leur propre mouvement, les mesures prises, dans la dernière session, contre la noblesse enrôlée sous les drapeaux des princes Aragonais. Cette amnistie rétablit la concorde entre tous les ordres de l'état. Leurs prétentions particulières s'évanouirent devant un intérêt commun.

Henri avait réuni leurs délégués au bourg de Cuellar, dans le diocèse de Ségovie (1). Il leur proposa d'entreprendre la conquête de la riche portion de la péninsule, soumise encore au joug musulman. Quel appât pour des hommes qu'embrasait l'amour de la gloire et de la patrie ! Ils applaudirent au dessein du roi. Des fonds considérables furent mis à sa disposition. Cinquante mille soldats se rassemblèrent sous les murailles de Cordoue.

A la tête de cette armée, Henri franchit les hautes montagnes de l'Andalousie orientale, derrière lesquelles coule le Xenil. Il menaça Grenade; il s'avança jusqu'à la vue de Malaga. Sa hardiesse déconcertait les infidèles. Tout-à-coup, il retourna sur ses pas, pour aller à Séville célébrer ses noces avec Jeanne, sœur d'Alphonse V, roi de Portugal, dont il avait recherché l'alliance, après avoir fait dissoudre sa première union avec Blanche de Navarre. Cette résolution inattendue lui fit perdre la confiance des troupes;

(1) 1455.

un murmure improbateur l'accompagna dans sa retraite. Pour réparer sa faute, il rentra sur les terres des Maures ; mais il se rebuta de nouveau , et, par cette inconcevable conduite, acheva d'aliéner les esprits. ·

Le roi de Navarre, héritier des vastes états d'Alphonse-le-Magnanime, son frère, décédé sans postérité, appuyait les mécontens. Il exposa ses deux royaumes à la honte d'une invasion. Mais la fermentation qui régnait au dedans de la Castille, ne compensait que trop le succès de ses armes au dehors. L'imprudence et la légèreté de Henri, le scandale de ses débauches, ses folles dépenses, l'inconduite de la reine, l'étonnante faveur du marquis de Villéna, indisposaient la nation. Le monarque tombait dans le mépris. Il était privé d'enfans ; on le taxait d'impuissance ; on parlait de reconnaître l'infant don Alphonse, son frère, en qualité de prince héréditaire.

La reine, après sept ans de stérilité, donna le jour à une fille. La naissance de cette infante n'opéra aucun changement dans l'opinion publique. On imagina qu'elle était le résultat de la lâche complaisance du roi pour don Bertrand de la Cuèva, majordome ou grand-maître de sa garderobe, amant déclaré de la reine. La princesse reçut le nom de Jeanne ; on affecta de la surnommer la Bertranée.

La coutume s'était introduite, dès le temps de Saint-Ferdinand, de rendre hommage à l'héritier du trône, même au berceau. On appelait à cet effet les trois états, autrement les cortès. Henri désira que cette formalité fut remplie à l'égard de sa fille. Il espérait par ce moyen détruire l'odieux soupçon qui planait sur lui. La cérémonie eut lieu à Madrid (1). On n'avait rien omis de ce qui pouvait en accroitre la pompe et rehausser aux yeux des peuples l'éclat de la majesté royale. Des sommes immenses furent employées dans ce but.

Henri supposait que sa prodigalité contribuerait à consolider sa puissance, ou du moins attacherait à ses intérêts la foule de ses serviteurs. Jamais erreur plus grossière. On ne payait ses bienfaits que par la plus noire ingratitude. Le marquis de Villéna et don Alphonse Carillo, son oncle et son collègue dans le ministère, vendirent leur crédit au roi d'Aragon; ils firent tourner à son avantage des négociations ouvertes dans l'île des Faisans, sous l'arbitrage de Louis XI, roi de France, pour parvenir à conclure la paix.

Henri éloigna ces deux traîtres de la cour ; il leur substitua la Cuéva, créé comte de Ledesma, puis duc d'Albuquerque, et se prépara par cette démarche bien des chagrins.

(1) 1462.

Carillo et Villéna se retirèrent à Alcala de Henarez. Ils y donnèrent commencement à une confédération hostile au roi, dans laquelle entrèrent successivement presque tous les grands , un certain nombre de prélats et les villes les plus importantes du royaume. Quand elle eut acquis une force imposante, ses chefs pressèrent Henri, 1.º de provoquer l'annulation de l'acte qui assurait l'hérédité de la couronne à un enfant adultérin , au mépris des lois fondamentales de la monarchie ; 2.º de rétablir son frère dans les droits de sa naissance, en lui conférant le titre de prince des Asturies ; 3.º d'appeler dans son conseil des hommes investis de la confiance de la nation.

Henri essaya de résister. Bientôt, son indolence prévalut; il négocia. L'amirante et don Alphonse de Fonséca , métropolitain de Saint-Jacques, auparavant de Séville , lui ménagèrent une entrevue avec Villéna , sur les limites du territoire de Cigalés et de Cabeçon , deux villages voisins de Valladolid. Il accepta quelques articles que ce rusé seigneur lui présenta comme propres à concilier ses droits avec les prétentions des confédérés ; il fixa le jour auquel on les soumettrait aux cortès , pour les convertir en un traité solennel.

L'assemblée se tint sous des tentes (1) , dres-

____

(1) 1464.

sées au milieu d'une vaste plaine. A quelques exceptions près, tout le corps de la noblesse s'y trouva; mais il y manqua beaucoup de membres du clergé, et l'on n'y vit d'autres députés du troisième ordre que ceux des cités engagées dans la ligue. Ce n'était qu'un simulacre de représentation nationale. Henri s'abstint d'en faire la remarque; il soupirait après le repos, et ne croyait pas pouvoir l'acheter par trop de sacrifices. Il supporta avec une sorte d'impassibilité les dernières humiliations. On cassa le décrêt qui déclarait l'infante Jeanne habile à lui succéder; don Alphonse reprit le rang qu'il avait été forcé, disait-on, de céder à cette princesse; on lui prêta serment de fidélité. On décida qu'il serait nommé quatre commissaires, deux par le roi, deux par les confédérés, pour travailler à améliorer l'administration et régler le mode d'admission aux emplois publics.

On procéda le même jour à la désignation de ces arbîtres. Le marquis de Villéna et don Pédro de Estuniga, comte de Placentia, obtinrent le suffrage des ligueurs. Le roi leur donna pour collègues don Pédro Fernandez de Vélasco, fils aîné du comte de Haro, depuis connétable de Castille, et don Gonçalés de Sahavédra, grand-commandeur de Saint-Jacques. Ces quatre seigneurs devaient délibérer secrètement dans le château de Médina del Campo, et s'adjoindre, en cas de partage, le père Alphonse d'Oropésa, supérieur-général des hyéronimites.

Un lien sympathique s'établit entre les deux premiers et le grand-commandeur; ils se séparèrent de Vélasco, et rédigèrent sans son concours, un plan de réforme dont l'adoption n'aurait laissé à Henri que le vain nom de roi. Ce prince le rejeta : sa patience était à bout.

Les ligueurs lui reprochèrent , dans un écrit rendu public, d'avoir violé ses promesses, et le sommèrent de les accomplir. Pour toute réponse, Henri convoqua une junte à Madrid (1). Elle ne se composa que des représentans de la fraction des trois états restée fidèle à sa cause. On lui fournit les moyens de tirer une vengeance éclatante de l'insolence des confédérés, qui venaient de le déposer, avec les formalités les plus outrageantes, et de proclamer son frère en sa place.

Une armée formidable s'organisa sous ses ordres, auprès de Toro. Elle aurait écrasé la ligue. Villéna détourna l'orage par une feinte soumission. Henri, dupe de ses artifices , signa avec joie une trêve qui tirait les rebelles d'un péril évident.

Villéna avait promis de porter don Alphonse à quitter le titre de roi, et de livrer les places qui lui obéissaient ; il se joua de ses sermens après le licenciement des troupes royales. La

(1) 1465.

guerre civile se ralluma. Le dévouement de la partie saine de la nation procura de nouveaux soldats à Henri. On combattit à la vue d'Olmédo. La victoire demeura indécise ; mais les confédérés en recueillirent les fruits. Ils s'emparèrent de différentes villes de la Vieille-Castille ; ils assiégèrent le roi dans le château de Ségovie. Henri s'humilia devant leur orgueilleux chef ; il en obtint une suspension d'armes, sous l'avilissante condition de céder, pendant six mois, l'autorité suprême à don Alphonse (1).

La mort d'Alphonse (2) détacha de la ligue plusieurs évêques et des seigneurs influens. Henri ressaisit le sceptre. Villéna, récemment élu grand-maître de Saint-Jacques, Carillo et leurs adhérens, substituèrent au jeune infant, Isabelle, sa sœur, plus âgée que lui d'un an, princesse aussi ambitieuse qu'habile, qui refusa de monter au trône, de crainte de ne pouvoir s'y maintenir, mais qui prit les mesures propres à lui en frayer plus tard le chemin. On contraignit le roi à la déclarer princesse des Asturies. L'édit qui déshéritait une seconde fois l'infante Jeanne, fut approuvé à Guisando, village peu éloigné d'Avila (3), par une assemblée, supposée nationale, mais où de nombreuses places

(1) 1467.
(2) 5 Juillet 1468.
(3) 19 Septembre 1468.

vides indiquaient assez qu'il n'y avait pas sur cet objet uniformité de sentimens dans le pays.

La concorde ne subsista pas long-temps entre les grands qui avaient embrassé les intérêts d'Isabelle; ils voulaient tous avoir part au pouvoir; leur camp pésentait le spectacle d'une véritable anarchie. Villéna, qui ne pouvait souffrir d'égal, quitta ce parti pour se jeter dans celui de Jeanne.

Les grâces naïves de Jeanne, l'excès de son malheur avaient ému de compassion le cœur de deux hommes généreux. Don Diégo Hurtado de Mendoza, marquis de Santillana, beau-père du duc d'Albuquerque, et don Pédro Fernandez de Vélasco, comte de Haro, depuis le décès de son père, protestaient hautement, au nom de cette infante, contre le décrêt qui couvrait le roi d'ignominie et l'excluait elle-même de sa succession. Leur voix retentit dans toute la Castille. Fonséca, qu'un échange de dignité opéré avec Alphonse Azévédo, son neveu, venait de replacer sur son premier siége; Domingo de Silva, évêque de Badajoz; don Juan Arias d'Avila, évêque de Ségovie; les comtes de Benavente, d'Albe, de Placentia, de Miranda, de Médelin, de Santa-Martha se prononcèrent simultanément en faveur de la fille de Henri; leur exemple entraîna la population de Tolède, de Burgos et d'autres grandes cités.

Cependant, le roi d'Aragon attentif à ces mouvemens, tâchait d'en profiter. Ce fin politique prévoyait que tôt ou tard Isabelle triompherait de sa rivale ; il recherchait en conséquence sa main pour Ferdinand, roi titulaire de Sicile, né de son mariage avec Jeanne Henriquez, fille de l'amirante de Castille. Il ne lui restait que ce seul fils. Charles, prince de Viane, qu'il avait eu de Blanche de Navarre, sa première femme, était mort, quelques années auparavant, victime de la haine que lui portait sa belle-mère.

Henri ne songeait qu'à éloigner sa sœur. Villéna l'engageait à la marier au roi de Portugal, ou au duc de Guyenne, frère de Louis XI, ou bien au duc de Clarence, frère d'Edouard IV, roi d'Angleterre. Pendant qu'on délibérait là dessus dans le conseil, le roi de Sicile, appelé par les ligueurs, arriva à Valladolid. Il y épousa secrètement Isabelle (1), dans la maison de Juan Rivéro, riche bourgeois. L'archevêque de Tolède leur donna la bénédiction nuptiale, en présence d'un petit nombre de témoins, parmi lesquels se trouvait don Frédéric Henriquez, ayeul maternel de Ferdinand.

Dans l'assemblée de Guisando, Isabelle s'était engagée à ne prendre un époux que du consentement de son frère. Celui-ci se crut autorisé à la punir de sa mauvaise foi. Dans ce dessein,

______

(1) 18 Octobre 1469.

il réunit (1) les membres des trois ordres du royaume à la chartreuse de Paular, magnifique couvent, situé au fond de la vallée de Lozoya, vers les sources de la Xarama. Le marquis de Villéna, qui occupait son ancien poste, déposa sur le bureau un mémoire dans lequel étaient développés les motifs de la convocation. On chargea le licencié Antonio Nunez, député de Ciudad-Rodrigo, d'en faire la lecture. Le roi exposait que dans l'espoir d'appaiser les querelles qui s'étaient renouvellées, après la mort de don Alphonse, au sujet de l'hérédité de la couronne, il avait consenti, l'année précédente, à désigner sa sœur pour lui succéder, de préférence à sa fille; mais qu'il s'en fallait de beaucoup qu'il eut atteint son but; qu'Isabelle, peu touchée de sa générosité, n'avait jamais cessé d'avoir des liaisons suspectes avec la noblesse rebelle à la puissance royale; qu'elle s'était constamment tenue dans les lieux où dominait cette coupable faction; qu'elle l'avait excitée sous main à conserver une attitude hostile; que ses intrigues avaient entravé la marche du gouvernement, et qu'elle venait de compléter cette longue série d'actes repréhensibles par un hymen que repoussait l'intérêt de l'état. D'après ces différentes raisons, Henri demandait la révocation du décrèt qui attribuait à cette infante des droits dont une

____

(1) 26 Octobre 1470.

coutume immémoriale avait investi sa nièce, dès le moment de sa naissance.

On fit ce qu'il désirait. L'infante Jeanne, alors âgée de huit ans, fut reconnue en qualité d'héritière de la monarchie. On lui jura fidélité avec le cérémonial d'usage.

On célébra ensuite les fiançailles de cette jeune princesse avec le duc de Guyenne. Des ambassadeurs Français étaient venus à cette fin en Castille. L'un deux, le cardinal Jouffroy, évêque d'Alby, somma le roi de déclarer si Jeanne lui devait véritablement le jour. Henri l'affirma sans hésiter. Un an auparavant, il annonçait à la nation, par un rescrit public, que s'il voulait qu'Isabelle ceignit après lui le diadême, c'était pour qu'il ne manquat pas à ses royaumes des souverains issus de son sang. La reine, présente à la séance, fut également interrogée sur la légitimité de la naissance de sa fille; elle fit la même réponse que son époux. Ces précautions décelaient les doutes qui agitaient l'esprit des envoyés du roi de France. Elles devinrent inutiles; l'alliance projetée n'eut pas lieu.

Le cardinal d'Alby était porteur d'une bulle du pape Paul II, qui déliait les Castillans du serment prêté à Isabelle. On avait déjà vu un légat apostolique, Etienne de Vénéris, évêque de Léon, en produire une autre pour les dégager de celui qu'ils avaient fait à Jeanne. Ici les décisions de la cour de Rome paraissent dépendre des circonstances et favoriser continuellement l'opinion dominante ; mais il faut considérer que le souverain pontife ne jugeait pas ces grandes contestations ; il se bornait à constater un fait accompli, à seconder le vœu national. Il levait les scrupules des individus que de premiers engagemens empêchaient d'en contracter de nouveaux, dans des questions purement politiques.

Isabelle et Ferdinand réclamèrent contre les résolutions prises au monastère de Paular. On méprisa leurs plaintes. Henri était décidé à ne leur faire aucune concession nouvelle ; mais cette fierté tardive contrastait avec le désavantage de sa position. Des dépenses mal imaginées, des libéralités outrées absorbaient ses revenus. Don Diégo Arias, trésorier-général, ne pouvait jamais suffire aux besoins de l'état. Tous les services souffraient ; on n'avait presque plus de troupes. La masse du peuple se dégoûtait d'un gouvernement sans dignité, sous lequel il n'y avait ni prospérité, ni repos ; elle tournait ses regards vers Isabelle et Ferdinand, dont les actions commençaient à révéler le génie.

La guerre civile devenait inévitable. Le pays renfermé entre l'Ebre et le Duéro, jusqu'à la Pisuerga, fut le premier théâtre des hostilités. Henri s'assura de plusieurs villes ; mais il en perdit plus qu'il n'en conserva. Ses efforts ne pouvaient balancer la fortune de ses rivaux : on courait en foule se ranger sous les étendards de ces derniers.

Aux calamités inséparables d'une lutte de cette nature, se mêlaient les désordres qu'amenaient la rivalité personnelle, l'audace, l'avidité des grands de chacun des deux partis ; ils se livraient des combats partiels ; ils dépeçaient le domaine royal ; ils dévastaient les campagnes , en rançonnaient les paisibles et timides habitans.

Dans la vue d'arrêter le cours de tant de maux, Henri convoqua les cortès à Santa-Maria de Niéva (1). Malgré l'extrême confusion où l'on était tombé, cet appel fut entendu. Tous les députés se rendirent au lieu indiqué ; mais ils n'y remplirent pas les intentions du roi. Il fut imposible de vaincre l'opposition de la majorité de la haute noblesse, qui ne se souciait pas de renoncer aux bénéfices des entreprises contre lesquelles s'élevait courageusement la bourgeoisie. Celle-ci parvint seulement, à l'aide de quelques prélats, animés de généreux sentimens, à faire prononcer l'abolition de certains droits de péage ou impôts arbitraires, établis par des seigneurs de médiocre rang, dans l'étendue de leurs terres, au détriment du commerce et de l'agriculture.

Henri ne savait où trouver un prince qui

(1) 1473.

voulut unir sa destinée à celle de l'infante Jeanne. Le roi de Portugal avait refusé cette princesse après le duc de Guyenne; le duc de Clarence la dédaigna également. Déférant à l'avis du marquis de Villéna, le roi l'offrit à don Henri, fils posthume du duc de Segorbe. C'était un germe de division jeté dans la famille royale d'Aragon. Le jeune infant s'échappa furtivement de Barcelone, où le retenait le roi don Juan, son oncle, et vola à la cour de Castille. En le voyant, Villéna jugea qu'il resterait toujours au dessous du rôle brillant auquel on le destinait. Sa fatuité déplut d'ailleurs au vieux ministre. Il devint l'objet des railleries des courtisans. On ne chercha plus qu'à se débarrasser de sa présence; on l'amusa par des délais et des prétextes pour l'obliger de se retirer.

Il ne se rebuta cependant pas; il nourrissait encore l'espoir de surmonter les difficultés qu'on lui opposait. Constamment attaché aux pas du roi, il arriva en même-temps que lui à Santa-Maria de Niéva. Il y sollicita les cortès de régler les conditions de son mariage. On lui répondit qu'elles ne pouvaient délibérer sur sa demande que dans une session spéciale, qui serait incessamment provoquée. C'était en quelque sorte lui déclarer qu'il persisterait en vain dans ses projets. Il le sentit, et reprit tristement le chemin de sa patrie.

Après son départ, s'opéra, par l'entremise de don André Cabréra, nouveau majordome, la réconciliation inattendue de Henri avec Isabelle et Ferdinand. Ils se virent tous trois dans le palais épiscopal de Ségovie, où Cabréra leur offrit un repas somptueux (1). Des réjouissances publiques devaient terminer cette heureuse journée; elles furent troublées par le dérangement subit de la santé du roi. On attribua cet accident imprévu à un poison lent. Des versions opposées trouvèrent un égal crédit parmi le vulgaire. Tout ce qu'il y a de positif, c'est que Henri ne fit plus que languir jusqu'à sa mort. Quelques heures avant de rendre le dernier soupir (2), il nomma pour son héritière l'infante dona Jeanne, ce qui n'empêcha pas Isabelle de se saisir de la couronne.

(1) 1.er Mars 1474.
(2) 12 Décembre 1474.

CHAPITRE XVII.

Isabelle et Ferdinand V. Réunion des divers royaumes d'Espagne sous une même domination. Les cortès plus rarement convoquées.

1474. — 1503.

AVEC le règne d'Isabelle et de Ferdinand V, surnommé le Catholique, s'ouvre une ère nouvelle pour l'Espagne. Ses différens états sont réunis sous le sceptre de ces deux époux : la monarchie d'Aragon, à la mort de don Juan II, père de Ferdinand; celle de Grenade, par la force des armes; la Navarre, au moyen d'une usurpation, colorée d'un vain prétexte. L'accession du royaume de Naples vient accroître cette puissance formidable; le génie de Christophe Colomb, l'élève encore plus haut par la découverte du nouvel hémisphère, entreprise sous ses auspices. La politique espagnole, auparavant renfermée dans les limites de la péninsule, se lie à toutes les affaires de l'Europe; elle acquiert une influence qui règle souvent leur cours, qui détermine leurs principaux résultats.

Le lendemain de la mort de son frère, Isabelle fut proclamée reine à Ségovie. Presque au même moment, Jeanne recevait le même titre à Escalona. L'appui du marquis de Villéna manquait à cette dernière. Ce redoutable ennemi d'Isabelle avait précédé Henri IV dans la tombe; mais son fils, don Diégo-Lopez Pachéco, suivait ses projets avec ardeur. Carillo le secondait, pour se venger de l'épouse de Ferdinand, qui donnait toute sa confiance au cardinal de Mendoza, archevêque de Séville. La turbulence et l'ambition des grands, plutôt que leur dévouement à la fille du monarque défunt, grossirent ce parti. La présence du roi de Portugal fortifia ses espérances; mais elles s'évanouirent à la bataille de Toro (1). Alphonse V, qui avait fiancé sa nièce, renonça à cette alliance, par le traité d'Alcantara, qui laissait l'infante à la merci de ses vainqueurs (2). Jeanne ne voulait rien devoir à leur pitié : elle alla s'enfermer dans le couvent des claristes de Coïmbre, et y prit le voile.

Ici doit être remarquée une dérogation complète aux usages de la monarchie, depuis longtemps passés en force de loi. Isabelle et Ferdinand ne soumirent point aux cortès le traité qui les rendait paisibles possesseurs de l'héritage de Henri IV. La victoire avait sanctionné leurs

____

(1) 1.er Mars 1476.
(2) 1479.

droits : il en eut trop coûté à leur amour propre de les remettre encore au jugément de leurs sujets. Ce ne fut vraisemblablement pas sans une grande surprise, qu'on les vit se dispenser de remplir une formalité qui seule donnait un caractère légal aux transactions avec l'étranger; mais aucune réclamation ne s'éleva. Ce premier empiétement de la puissance royale ouvrit la voie à bien d'autres.

Le principal objet des désirs de Ferdinand était la centralisation du pouvoir dans sa personne. On avait agité, dans son intérêt, la question de savoir à quel titre il devait régner sur la Castille. Les Aragonais, venus à la cour, soutenaient que la couronne lui revenait comme au plus proche parent de Henri IV, décédé sans enfans mâles. Cette opinion tendait au renversement de l'ordre de successibilité au trône. Les seigneurs castillans la combattirent, en s'appuyant sur les lois et les coutumes du royaume, d'après lesquelles les princes des lignes collatérales étaient exclus par les filles ou les sœurs des rois. On discuta long-temps. On finit par demeurer d'accord que Ferdinand gouvernerait seulement en qualité d'époux de la reine.

Les cortès ne furent point appelées à connaître de cette affaire. Ferdinand les convoqua ensuite (1) à Madrid, pour différens motifs.

____

(1) 1478.

La guerre civile avait engendré des désordres de toute espèce. Des bandes de voleurs, de brigands infestaient les provinces. On ne pouvait sortir du lieu de son domicile, sans s'exposer à d'imminens dangers. Les voyageurs étaient rançonnés, pillés ou même assassinés ; ils ne trouvaient quelque sûreté sur les routes, qu'autant qu'ils se réunissaient en caravane. D'un autre côté, des gentils hommes, retranchés dans leurs manoirs, transformés en forteresses, tyrannisaient leurs vassaux, ravageaient et désolaient les campagnes. Le peuple courait aux armes, dans l'espoir de se soustraire à ces vexations.

Pour remédier à un semblable état de choses, les cortès, sur la proposition du roi, autorisèrent la création, dans chaque ville, de compagnies semi-militaires, appelées de la *Santa-Hermandad*, ou de la sainte confrérie, déjà organisées en plusieurs localités. On les chargea de la recherche et de l'arrestation des malfaiteurs. Des fonds furent votés pour leur entretien ; on leur attribua en outre divers privilèges. On rétablit, par une célèbre ordonnance, l'autorité méconnue des tribunaux. On enjoignit aux nobles cantonnés dans leurs châteaux, d'en démolir les fortifications ou d'y recevoir garnison royale. On affranchit ainsi les classes inférieures de l'oppression des grands. Ceux-ci se montrèrent enfin dociles et soumis. A une très-grande agitation succéda le calme le plus parfait.

La naissance d'un fils combla les vœux d'Isabelle et de Ferdinand. Cet enfant fut nommé Juan, du nom de son ayeul paternel. Les cortès, présidées à Tolède (1) par les deux époux, le déclarèrent héritier présomptif de la monarchie castillane. Les états d'Aragon, assemblés à Calatayud, lui rendirent également hommage comme à leur futur souverain. Malheureux prince, qui ne devait jamais ceindre le bandeau royal! Il fut moissonné à la fleur de ses ans. Sa sœur aînée, Isabelle, mariée d'abord à don Alphonse, fils de Jean II, roi de Portugal, puis au roi Emmanuel, successeur de ce dernier, le suivit au tombeau, où fut porté, peu de temps après, don Miguel, son fils unique. Leurs droits passèrent à Jeanne, autre infante, et par elle, dans la maison d'Autriche.

Les cortès révoquèrent, dans cette session, toutes les grâces abusives qui grêvaient le trésor. Elles renouvellèrent la loi qui prescrivait aux Juifs et aux Maures, établis dans les villes murées, d'habiter des quartiers séparés de ceux des chrétiens, et leur défendait de paraître en public, vêtus de drap d'or ou d'argent, ou même d'user de broderies sur leurs habits. Elles promulguèrent d'utiles réglemens de police, et décernèrent au roi et à la reine le titre de libérateurs de l'Espagne. Bientôt, le pape Innocent VIII

(1) 1480.

leur donna celui de rois catholiques, à l'occasion
de la conquête de Grenade.

La guerre qui mit fin à la domination des
Musulmans dans la péninsule, dura dix ans.
A l'ouverture de la première campagne, Isabelle
et Ferdinand demandèrent des secours à leurs
sujets. Les cortès, réunies à Madrid (1), leur
accordèrent de gros subsides. Le plus vif enthousiasme régnait parmi les Castillans. Leurs
divisions avaient entièrement cessé; un même
esprit les animait; ils ne songeaient qu'à combattre l'ennemi commun. Sixte IV, alors assis
sur la chaire pontificale, concèda l'indulgence
de la croisade à tous ceux qui prendraient les
armes ou contribueraient aux frais de l'expédition.
Il se présenta un nombre infini de volontaires,
et les dons gratuits produisirent des sommes
immenses.

Les états d'Aragon en offrirent de leur côté
de très-considérables.

Le pape permit la levée, pour une fois seulement, d'un décime sur les revenus du clergé.
On le fixa de gré à gré à cent mille ducats. Cette
concession, renouvellée au bout de trois ans,
se convertit insensiblement en une redevance
annuelle. Elle subsiste encore aujourd'hui et
procure au trésor plus de vingt millions de
réaux (2).

(1) 1482.
(2) Cinq millions de francs.

A l'aide de ces ressources, Isabelle et Ferdinand terminèrent leur entreprise, sans réclamer de nouveaux efforts de la part des cortès. Il entrait dans leurs vues de rendre moins fréquentes que par le passé les convocations de ce corps politique, et d'accoûtumer la nation à les voir agir sans son concours. L'exécution de ce plan ne devait pas rencontrer beaucoup d'obstacles. Les grands étaient abattus, humiliés, hors d'état de remuer; le peuple, à peine délivré de leur tyrannie, sentait la nécessité de mériter par son dévouement la constante protection de l'autorité royale. Le haut clergé conservait seul un énorme pouvoir. Ferdinand sut le placer dans sa dépendance. Un concordat fait avec Sixte IV, l'investit du droit de nomination, ou pour mieux dire de présentation à toutes les prélatures et abbayes, ainsi qu'à tous les bénéfices ecclésiastiques d'Espagne. Les évêques étaient élus auparavant par les chanoines des églises cathédrales; les abbés, par les moines de chaque monastère. La volonté du roi déterminait ordinairement les choix; mais quel avantage n'allait-il pas retirer de la faculté de désigner lui-même les sujets?

Après un intervalle de seize années, les cortès reparaissent sur la scène. La mort inopinée du prince héréditaire donna lieu à leur réunion. Il devenait nécessaire de leur faire prêter serment de fidélité au roi et à la reine de Portugal, substitués aux droits de l'infant don Juan. La cour se transporta à cet effet à Tolède, ville choisie pour cette cérémonie (1). De là, elle passa à Saragosse, où devaient se tenir aux mêmes fins les états d'Aragon (2). Ceux-ci accueillirent d'abord les réclamations du duc de Segorbe, qui prétendait exclure la fille des rois catholiques. Ce ne fut qu'au décès de cette princesse (3), qu'ils consentirent à reconnaître son fils en qualité d'héritier de son ayeul.

Ce jeune prince ne survécut que deux ans à sa mère. L'infante Jeanne, sa tante, épouse de Philippe, archiduc d'Autriche, fils de l'Empereur Maximilien I.er et de Marie de Bourgogne, prit sa place. Les cortès lui déférèrent à Tolède le titre de princesse des Asturies (4). Des affaires pressantes retenaient Isabelle et Ferdinand à Madrid. Francisco Ximénés de Cisderos, autrefois simple cordelier, élevé au siége primatial des Espagnes et placé à la tête du conseil, les représenta dans cette circonstance solemnelle.

(1) 29 Avril 1498.
(2) 14 Juin 1498.
(3) 23 Août 1498.
(4) 1502.

CHAPITRE XVIII.

Mort d'Isabelle. Courte administration de Phi-lippe I.ᵉʳ, époux de l'infante Jeanne. Suite du règne de Ferdinand V. Pouvoir momentané-ment ressaisi par les cortès.

1504. — 1516.

Les atteintes portées aux privilèges de la représentation nationale, n'avaient produit aucune sensation. Les trois ordres de l'état s'occupaient exclusivement de leurs intérêts particuliers. Les deux premiers recherchaient les faveurs de la cour; le troisième en sollicitait l'appui contre les prétentions ou les violences de ces dangereux rivaux. Ils favorisaient, comme de concert, les progrès de la prérogative royale. Ferdinand profitait avec adresse de cette disposition des esprits. Sous le spécieux prétexte de maintenir dans son obéissance ses états d'Italie, ou de pourvoir à leur sûreté, il établit une milice régulière et permanente, à l'entretien de laquelle il affecta une partie des impôts créés pour la guerre de Grenade, et dont il faisait continuer la perception, sans l'assentiment préalable des cortès.

Personne ne songeait à s'opposer à ces mesures arbitraires. Ferdinand semblait pouvoir tout entreprendre avec la même facilité. Sa position ne tarda pas à changer.

Isabelle mourut (1). Son testament remettait au roi le soin de gouverner la Castille, au nom de Jeanne, tombée en démence. Ferdinand présenta cet acte aux cortès, dans le château de Toro (2), et en demanda la ratification. On obtempéra à ses désirs. Il fut en conséquence déclaré régent du royaume jusqu'à la majorité de Charles, duc de Luxembourg, fils aîné de l'archiduc. On ne fit nullement mention de ce dernier.

Les cortès promulguèrent, dans cette conjoncture, un nouveau code de procédure civile, auquel de savans jurisconsultes travaillaient depuis vingt ans, et qui avait principalement pour objet d'abréger la durée des procès et de simplifier les formes qui en embarrassaient l'instruction, souvent à l'avantage de la mauvaise foi.

Philippe protesta hautement contre les délibérations de cette assemblée. Il soutenait avec juste raison, qu'on n'avait pu le priver de l'adminis-

(1) 26 Novembre 1504.
(2) 1505.

tration des états dévolus à sa femme. Don Juan Manuel, son confident, le plus habile négociateur de son siècle, venu des Pays-Bas en Espagne, pour lui ménager un favorable accueil, l'appuya de son éloquence auprès des grands. La plûpart se laissèrent persuader. Philippe fut proclamé roi. L'année suivante (1), il arriva à Burgos. Ferdinand essaya inutilement de retenir le pouvoir suprême; on le contraignit de le céder à son gendre, qui avait déjà conquis tous les cœurs.

Ferdinand V se retira en Aragon, d'où il passa ensuite à Naples. Remarié à Germaine de Foix, nièce de Louis XII, roi de France, il se consola par l'espoir d'avoir des enfans mâles, et de se venger de Philippe en le frustrant de sa succession.

Philippe ne tenait la régence que du suffrage des grands. Les cortès la lui conférèrent légalement à Valladolid (2). Il leur proposa d'interdire la reine et de la renfermer dans un château éloigné de la cour, afin de dérober au public le spectacle affligeant de sa folie. Sa demande fut rejetée. On renouvella le serment fait à Jeanne, deux ans auparavant; on le prêta de plus au duc de Luxembourg, comme à son héritier. On voulait convaincre Philippe qu'il n'avait par lui-même aucun droit à l'exercice de la puissance souveraine.

(1) Mai 1506.
(2) Juillet 1506.

La mort enleva ce prince deux mois après (1).
Une junte, composée des seigneurs qui se trouvaient à Burgos, se forma sous la présidence de
Ximénés, chancelier de Castille. Elle appela les
cortès dans cette même capitale (2), pour le
choix d'un nouvel administrateur du royaume.
L'empereur et le roi d'Aragon aspiraient à-la-fois
à cette dignité, inséparable, disaient-ils, de la
tutelle de leur petit-fils, de laquelle chacun d'eux
supposait devoir être chargé à l'exclusion de
l'autre. Don Juan Manuel, qui jouissait d'un
immense crédit, avait à cœur de faire élire
Maximilien. Ximénés agissait dans les intérêts
de Ferdinand. Celui-ci paraissait d'abord avoir
moins de chances de succès que son compétiteur.
L'influence du primat rangeait à son parti la
majorité des membres du clergé ; il pouvait
compter aussi sur le concours des commandeurs
des trois ordres militaires, des grandes maî-
trises desquels il se trouvait personnellement
investi, depuis leur réunion à la couronne ; mais
tous les autres grands, qui craignaient les effets
de son ressentiment, lui refusaient leur voix,
et la plûpart des députés des villes manifestaient
l'intention de suivre leur exemple. Manuel croyait
toucher au moment où ses vœux seraient réalisés.
Il fut bientôt détrompé. Ximénés, dont les ta-

(1) 25 Septembre 1506.
(2) Octobre 1506.

lens oratoires égalaient les siens, développa avec un art infini, les motifs qui devaient éloigner les Castillans du projet de livrer les rênes du gouvernement aux mains d'un prince étranger à l'Espagne. Son discours fit une forte impression sur l'esprit de ses auditeurs. Manuel tenta vainement de la détruire : l'assemblée vota presque à l'unanimité le rappel du roi d'Aragon.

Ce monarque ne se montra sévère à l'égard d'aucun des seigneurs qui l'avaient forcé de quitter la Castille. Il parut avoir tout oublié.

La résolution des cortès n'empêcha pas l'empereur de persister dans ses prétentions à la régence. Il demeurait persuadé que l'ayeul paternel du roi futur devait obtenir la préférence sur son ayeul maternel ; mais tout en admettant ce principe, Ferdinand lui objectait qu'il avait été moins question de donner un tuteur à leur petit-fils commun, qu'à sa mère, véritable héritière de la couronne de Castille, et que sous ce point de vue, sa qualité de père de cette princesse le laissait sans rival. Maximilien ne goûtait pas ces raisons. On négocia inutilement pendant trois années. Les deux princes convinrent enfin de s'en remettre à la décision de Louis XII et du cardinal d'Amboise, archevêque de Rouen, chef de son conseil. Leurs ambassadeurs comparurent à Blois (1) devant ces arbitres, qui jugèrent en

(1) Décembre 1509.

faveur de Ferdinand, avec la réserve toutefois qu'il ne conserverait l'administration que jusqu'à ce que l'archiduc Charles eut atteint l'âge de vingt ans, s'il arrivait que Jeanne mourut avant cette époque.

Les cortès acceptèrent à Madrid (1) cette sentance arbitrale, présentée sous la forme d'un traité. Ferdinand V jura de l'observer, de gouverner avec zèle et intégrité, de faire respecter les lois et de maintenir les coutumes et les franchises de la Castille.

Cette session avait été précédée d'une autre, tenue dans la même ville (2), à l'occasion de la conquête d'Oran, entreprise et terminée avec autant de célérité que de bonheur par Ximénés, devenu cardinal et premier ministre. On ne savait où trouver de l'argent pour les frais de cette expédition. Le roi refusait d'en fournir. Il louait le projet du cardinal; mais il était beaucoup plus occupé de celui d'acquérir de nouvelles possessions sur la côte du golfe Adriatique. Dans l'espoir d'atteindre ce but, il avait accédé à la ligue de Cambrai, formée contre les Vénitiens. De leur côté, les cortès se montraient peu disposées à accroître les charges du peuple. Ximénés leva toutes les difficultés. Il offrit d'avancer de ses propres fonds les sommes néces-

(1) 6 Octobre 1510.
(2) Février 1509.

saires aux dépenses de l'armement, sous la seule clause d'en être remboursé, dans un délai déterminé, s'il revenait triomphant. On prit envers lui cet engagement conditionnel.

La monarchie s'élevait rapidement. Le pape Jules II, l'ennemi le plus acharné des Vénitiens, s'était laissé fléchir par leurs supplications, accompagnées de la restitution de quelques villes, autrefois usurpées sur le saint siége. La position des puissances confédérées se trouvait entièrement changée. Les Français que Jules avait attirés en Italie, venaient d'en être chassés. Les Espagnols y dominaient à leur place. Les souverains de cette belle partie de l'Europe supportaient impatiemment ce nouveau joug ; ils cherchaient les moyens de recouvrer leur indépendance.

Ferdinand les écrasait du poids de sa supériorité. Au mépris de ses dernières promesses, il minait, en même-temps, dans ses états, les fondemens de la liberté nationale ; mais on appercevait à peine ses envahissemens. Les opérations militaires, dont les heureux résultats couvraient l'Espagne de gloire, et les courses des navigateurs, jaloux de suivre les traces de Colomb, qui lui rapportaient les richesses de l'Amérique, fixaient exclusivement l'attention publique. Une révolution se préparait dans les idées comme dans les mœurs.

Ferdinand V créa plusieurs conseils pour l'expédition des affaires. Leurs attributions étaient distinctes, leurs séances fréquentes. Le roi présidait ordinairement à leurs travaux. Cette institution, régularisée sous le règne suivant, est devenue la base de la composition des conseils qui existent aujourd'hui en Espagne (1).

C'est vers ce temps, que les corps judiciaires, dont l'organisation avait subi de continuelles modifications, prirent définitivement la forme qu'ils ont maintenant. Les tribunaux souverains reçurent la dénomination de chancelleries et d'audiences (2), et les fonctions des gouverneurs politiques, des intendans, des corrégidors, des alcaldes-majeurs et autres juges subalternes furent circonscrites dans des limites certaines, qui depuis sont toujours restées immuables.

(1) Voir la note n.° 3.
(2) Voir la note n.° 4.

CHAPITRE XIX.

Avénement de Charles I.ᵉʳ autrement Charles-Quint, archiduc d'Autriche. Attitude hostile des cortès pendant les six premières années de ce règne. Ligue de las comunidades ou des communes.

1516. — 1521.

Lorsque Ferdinand le Catholique descendit au tombeau (1), Charles d'Autriche, qui, depuis deux ans, avait atteint sa majorité, se trouvait dans les Pays-Bas. Il ne pouvait de si-tôt se rendre en Espagne. Le monarque défunt avait conféré la régence de Castille au cardinal Ximénés; celle d'Aragon, à don Alphonse, son fils naturel, archevêque de Saragosse. Un des premiers soins de Ximénés fut de convoquer les cortès à Madrid (2), pour recevoir l'hommage qu'elles devaient au nouveau roi. A l'ouverture de la séance, il rappela en peu de mots les causes qui jus-

(1) 23 Janvier 1516.
(2) 13 Avril 1516.

qu'alors avaient empêché la reine Jeanne de gouverner par elle-même ; il ajouta qu'elles subsistaient encore, et laissa entendre qu'il serait très-avantageux à la Castille de placer immédiatement le sceptre dans les mains du fils de cette infortunée princesse. Lorenzo Galindez de Cárvajal , le plus ancien des conseillers d'état, développa, dans un discours étudié , la pensée du régent. Il s'appuya de l'exemple d'Alphonse VII, couronné durant la vie d'Urraque, sa mère, et insista fortement sur la nécessité où l'on était d'agir de la même manière, si l'on ne voulait livrer le royaume à l'anarchie.

Don Frédéric Henriquez, amirante de Castille, et don Frédéric Alvarez de Tolède, duc d'Albe, combattirent la proposition de ces deux orateurs. Ils soutenaient qu'en l'adoptant, les représentans de la nation violeraient les sermens prêtés à Jeanne dans les cortès de Toro et de Valladolid. Leur opinion était celle du plus grand nombre des députés. On se hâta de déclarer qu'on ne reconnaîtrait l'archiduc qu'en qualité d'héritier présomptif du trône. On refusa d'écouter le marquis de Villéna qui proposait l'ajournement de toute résolution définitive. Ximénés suspendit la délibération, et donna l'ordre à Pédro Corréa, corrégidor de Madrid, de faire proclamer Charles dans la ville, avec le cérémonial accoutumé. Ce coup d'autorité indisposa les grands. Leur mécontentement inspirait des craintes ; mais le cardinal les contint dans le devoir par la vigueur de son génie.

L'archevêque de Saragosse réussit moins bien de son côté. Il lui fut impossible de vaincre l'obstination des Aragonais, persuadés que Charles ne pouvait administrer leur pays que comme curateur de sa mère.

A l'arrivée de ce prince, le conseil de Castille remit ses droits en question. On réunit les cortès à Valladolid (1). Ximénés ne vivait plus : une mort inattendue venait de l'enlever au milieu de ses utiles travaux. L'archiduc parut dans l'assemblée, accompagné de Guillaume de Croï, seigneur de Chièvres, son gouverneur et son principal ministre dans les Pays-Bas ; du cardinal Adrien Florent, doyen de Louvain, évêque de Tortose, son précepteur ; des seigneurs de la Chau et d'Amerstoff, membres du conseil de Flandre. Les trois derniers l'avaient précédé en Espagne, pour y surveiller la conduite et partager les fonctions de Ximénés. Une foule d'officiers Flamands de moindre rang, grossissaient son cortège. Les grands, déjà choqués de la faveur dont jouissaient auprès de lui ces étrangers, émirent l'avis de ne lui accorder que le titre de prince sérénissime. Il obtint cependant celui de roi ; mais on exigeait qu'il jurat : 1.º de

(1) Novembre 1517.

n'élever que des Castillans aux charges, aux dignités, soit civiles, soit ecclésiastiques; 2.º de ne jamais permettre l'exportation du numéraire. Il lui répugnait de faire une semblable promesse. Après une très-longue discussion, on se contenta de l'insertion au procès-verbal des deux articles à souscrire par le roi, avec la clause additionnelle qu'il s'engageait à les observer comme l'avaient fait ses prédécesseurs. A proprement parler, on ne lui imposait par là aucune nouvelle obligation.

La présence de Charles en Aragon, applanit les difficultés qu'avait rencontrées l'archevêque de Saragosse. Les états (1) consentirent à lui déférer le pouvoir suprême, sans autre condition que de l'exercer solidairement avec la reine.

Après la mort de Maximilien, le roi d'Espagne fut élu empereur, sous le nom de Charles-Quint (2). Il avait convoité la couronne impériale. Ses vœux étaient comblés. Mais des symptômes d'une crise prochaine se manifestaient de toutes parts. Les Espagnols voyaient d'un œil jaloux les Flamands se saisir des emplois les plus lucratifs, s'approprier la meilleure partie des trésors du nouveau monde, accrus par la découverte récente du Mexique. L'élection de leur souverain à l'empire acheva de les aigrir. Elle leur paraissait le

(1) 1518.
(2) 28 Juin 1519.

signe certain de la perte de leur indépendance ou de leur nationalité.

Les électeurs pressaient Charles de se rendre à Aix-la-Chapelle, où devait avoir lieu la cérémonie de son couronnement. Son dessein était de répondre au plutôt à leur impatience; mais il manquait totalement d'argent pour les frais de son voyage. Il résolut d'exposer ses besoins aux cortès, et les invita en conséquence à se réunir à Saint-Jacques.

Cette convocation fut mal accueillie. Le motif en était odieux; on regardait en outre comme une nouveauté dangereuse le projet d'assembler les cortès en Galice. Les délégués de Tolède et de Salamanque allèrent trouver Charles à Valladolid, dans l'intention de lui présenter à ce sujet d'humbles remontrances. C'était au moment où il partait pour Saint-Jacques. Il différa de leur donner audience jusqu'à son passage à Villalpanda, petite ville du royaume de Léon, dans laquelle il séjourna, après avoir visité sa mère, enfermée, depuis le décès de son mari, dans le château de Tordesillas. Il leur adressa de vifs reproches, particulièrement à leur orateur, don Pédro Lazo, chef de la députation de Tolède, et les renvoya par-devant don Alphonse de Roxas, président du conseil de Castille, pour obtenir les explications qu'ils réclamaient.

Le bruit se répandit alors que la reine devait

le suivre en Allemagne. Les habitans de Tordesillas coururent aux armes. Ceux de plusieurs autres villes les imitèrent. A Valladolid, six mille hommes se rassemblèrent sur la grande place du marché, au son de la grosse cloche de la paroisse de Saint-Michel, en criant qu'il fallait retenir en Espagne l'empereur et sa mère. La haine publique poursuivit les Flamands. Le cardinal [Guillaume de Croï, neveu de Chièvres, jeune ecclésiastique, pourvu du riche archevêché de Tolède, revêtu de la haute dignité de chancelier, n'échappa à la mort qu'en s'évadant par un égoût.

Cependant les cortès s'ouvrirent à Saint-Jacques (1). Charles leur demanda un subside ou don gratuit de six cents millions de maravédis (2), payable en trois ans, pour couvrir les dépenses dans lesquelles devait l'engager sa qualité de chef du corps germanique. La vive opposition des députés de Tolède, Séville, Cordoue, Zamora, Cuença, Toro, Salamanque, Avila lui faisant appréhender un refus, il transféra l'assemblée à la Corogne (3), après avoir banni de la Castille Pédro Lazo, procureur-majeur ou syndic de la première de ces huit cités.

A la Corogne, on lui accorda ce qu'il désirait,

(1) Avril 1520.
(2) Environ quinze millions de francs.
(3) Mai 1520.

toutefois avec la réserve expresse : 1.º qu'il réformerait sa maison; 2.º qu'il serait défendu, sous peine de la vie, de faire sortir des espèces monnoyées du royaume; 3.º que les Espagnols pourraient seuls remplir les fonctions publiques; 4.º que même aucun étranger ne gouvernerait la monarchie en l'absence du roi.

Malgré cette dernière disposition, Charles, en partant pour l'Allemagne, confia la régence de Castille au cardinal Adrien. La vice-royauté d'Aragon fut donnée à don Juan de Lanuza, grand-justicier; celle de Valence, à don Diégo de Mendoza, comte de Melito.

Le premier de ces choix n'était guère propre à calmer les troubles qui agitaient les deux Castilles. Dès qu'il fut connu, l'esprit de révolte se propagea dans ces provinces comme un feu électrique. Une association, qu'on nomma la sainte ligue ou les communes, *las comunidades,* se forma entre les villes les plus importantes. Valladolid, Ségovie, Burgos, Avila, Guadalaxara, Léon, Cuença, Toro, Zamora, Salamanque, Tolède, Siguenza, Médina del Campo, Madrid y adhérèrent presque à-la-fois.

De déplorables excès signalèrent l'existence de cette confédération. La populace de Tolède, irritée de l'exil de don Pédro Lazo, déchargea sa fureur sur les corrégidors et les alguazils royaux. A Ségovie, on pendit le député Rodrigo de Tordesillas, pour avoir consenti au nouvel impôt. Les délégués de Valladolid et de Zamora n'évitèrent que par une prompte fuite le danger d'être massacrés. Les ligueurs ou *comunéros* de Madrid chassèrent leurs magistrats. Le cardinal Adrien fut contraint d'abandonner sa résidence; les généraux auxquels il remit le soin de faire respecter son autorité, l'Alcalde Ronquillo et don Antonio de Fonséca, luttèrent avec désavantage contre les rebelles, organisés en corps d'armée sous les ordres de don Pédro Giron et de don Juan de Padilla.

La reine Jeanne avait été tirée de sa retraite. Son nom servit de prétexte aux violences des ligueurs, dont la victoire continua à suivre les drapeaux. Ce ne fut qu'au bout d'un an qu'ils succombèrent sous les efforts des troupes royales. En apprenant les progrès de l'insurrection, l'empereur avait donné deux collégues au cardinal Adrien. C'étaient don Frédéric Henriquez, grand-amiral, et don Inigo de Vélasco, connétable de Castille. Celui-ci battit complètement les révoltés à Villalar. Le supplice de Padilla et des commandans des milices de Salamanque et de Ségovie, Francisco Maldonado et Juan Bravo, pris dans le combat, porta le dernier coup à la ligue. Toutes les villes confédérées se soumirent, hormis Tolède, où Marie Pachéco, veuve de Padilla, soutint un siège de trois mois.

Le retour et la clémence de Charles assurèrent définitivement la tranquillité de l'Espagne. Ce prince ne livra aux tribunaux qu'un très-petit nombre de coupables ; encore même usât-il envers la plûpart des condamnés de la plus précieuse de ses prérogatives, celle de faire grâce ou de commuer les peines. Il voulait gagner les cœurs, afin de mieux subjuguer les esprits ; il atteignit facilement ce double but.

CHAPITRE XX.

Suite du règne de Charles-Quint. Fréquentes convocations des cortès.

1521. — 1537.

LA guerre extérieure avait éclaté avant l'entière pacification du royaume. La puissance de Charles excitait la jalousie de François I.er successeur de Louis XII. Pour en arrêter l'accroissement, ce monarque avait brigué l'empire. Le mauvais succès de cette démarche avait jeté dans son cœur le germe d'une haine profonde contre son heureux rival. Impatient de se venger, il tenta de remettre Henri d'Albrêt en possession de la Navarre, enlevée à son père par Ferdinand le Catholique. Cette entreprise réussit mal. L'empereur, à son tour, prit sous sa protection François Sforce, dernier membre d'une famille que le roi de France avait dépouillée du duché de Milan. Il le rétablit dans l'héritage de ses pères, de concert avec le pape Léon X.

Les Français évacuèrent l'Italie. Ils se flattèrent

d'y rentrer au décès de Léon X (1) ; mais l'élévation du cardinal Adrien au souverain pontificat
leur ôta cet espoir. L'empereur s'unit à Henri
VIII, roi d'Angleterre, dans le dessein d'opérer
avec lui le partage de la France. Ses armées
franchirent les frontières de la Champagne et de
la Guyenne, tandis que les Anglais fondaient
sur la Picardie et l'Artois.

La modicité de ses ressources pécuniaires ne
lui permettait pas de suivre avec la vigueur
nécessaire ses projets de conquête. Les revenus
de l'état et les richesses de l'Amérique ne suf-
fisaient pas à ses dépenses. Il réclama de nouveaux sacrifices de la part de ses sujets. L'honneur
national guida les cortès. Assemblées à Palencia
(2), elles votèrent le prélèvement de quatre
cents mille ducats, destinés au paiement d'une
partie de la solde militaire.

On s'occupa en outre, dans cette session,
des moyens de faire cesser une infinité de désordres, nés de la guerre civile. Les gens de
qualité étaient dans l'habitude de se couvrir la
figure d'un masque de velours, pour conserver
leur teint. Les malfaiteurs les imitaient, et parvenaient ainsi à se dérober aux perquisitions
de la justice. On proscrivit une mode aussi ridicule
que dangereuse. Les assassinats étaient devenus

(1) 1521.
(2) Mars 1523.

très-fréquens. Il fut permis à toutes personnes
de porter l'épée. On supposait que l'extension
de ce privilège garantirait la vie des citoyens :
elle ne servit qu'à choquer la petite noblesse
et à accroître la vanité du bas peuple.

Les tentatives ayant pour objet le démembrement de la France, n'aboutirent qu'à d'inutiles
ravages. Les Français repoussèrent ces agressions
simultanées, et reparurent aussitôt dans la Lombardie. Ils y furent défaits (1) par le marquis de
Pescaire et le connétable de Bourbon, qui trop
sensible à la perte d'un procès qui lui enlevait
une grande partie de ses domaines, était passé
au service de l'empereur. Les vainqueurs pénétrèrent en Provence. Ils ne purent s'y maintenir.
François I.er les en chassa et les poursuivit
au-de-là des Alpes. Il s'empara des meilleures
places du Milanez; mais il fut vaincu et fait
prisonnier sous les murs de Pavie (2). On le
conduisit d'abord à Pizzigitonne, château peu
éloigné du champ de bataille ; on le transféra
ensuite, sur sa demande, à Madrid.

Durant sa captivité, les cortès se réunirent à
Tolède (3). Charles ne les appelait que pour les
engager à lui renouveller l'offre d'un don gratuit.
Il n'eut pas de peine à les y déterminer. Dans

(1) 1524.
(2) 24 Février 1525.
(3) Novembre 1525.

l'enthousiasme produit par les événemens inespérés de la dernière campagne, elles autorisèrent la perception d'une contribution double de celle qui avait été établie deux ans auparavant.

François I.er recouvra sa liberté (1) à des conditions très-onéreuses. Il devait céder la Bourgogne à l'empereur, héritier des anciens souverains de cette contrée; renoncer à la suzeraineté sur la Flandre et l'Artois, à ses prétentions sur Naples, Milan, Gênes et le Val d'Aoste; abandonner le roi de Navarre; restituer au connétable de Bourbon le riche apanage confisqué sur lui par suite de sa félonie; payer deux millions cinq cents mille écus d'or au soleil (2), dont un cinquième au roi d'Angleterre. Il donna deux de ses fils en ôtage pour sûreté de ce traité, contre lequel il protesta secrètement dans sa prison.

Cet acte ne fut pas présenté à la sanction des cortès. Charles, le prince le plus ambitieux qui eut encore régné sur l'Espagne, frémissait de voir l'exercice de la puissance royale circonscrit dans d'étroites limites. Comme son ayeul, il avait un désir violent de réformes politiques; et pour les introduire, il hasardait de s'arroger une autorité que ne lui attribuait pas la coutume du royaume, persuadé qu'avec le temps ces exemples deviendraient des titres.

(1) 14 Janvier 1526.
(2) L'écu d'or au soleil valait cinq livres tournois.

Le pape Clément VII, le duc de Milan, les Vénitiens s'étaient ligués contre lui dans l'intérêt commun de l'Italie. Le roi de France, le roi d'Angleterre, les Suisses et les Florentins accédèrent à cette coalition. Pour se mettre en mesure de faire face à tant d'ennemis, Charles convoqua les cortès à Valladolid (1); mais il régla, après avoir feint de prendre leur avis, que chacun des trois ordres délibérerait séparément. Il croyait retirer de grands avantages de ce nouveau mode de procéder; il comptait se rendre aisément maître des suffrages. Ses espérances ne se réalisèrent pas. Un même esprit dirigea les trois fractions de l'assemblée. Elles refusèrent à-la-fois de fournir à l'empereur les secours qu'il demandait. Le clergé s'excusa sur ce qu'il ne pouvait disposer à son gré des biens de l'église; la noblesse allégua ses privilèges, incompatibles avec l'obligation d'acquitter un tribut; les procureurs des villes représentèrent que la diminution sensible des facultés des contribuables ne permettait pas de créer, dans le moment, de nouvelles impositions.

On ne put envoyer à l'armée d'Italie les fonds nécessaires à son entretien. Elle se mutina. Le duc de Bourbon, qui la commandait, l'appaisa, en lui promettant le sac de Rome. Il fut tué au moment de donner l'assaut. Le prince d'Orange,

(1) Janvier 1527.

son lieutenant, prit la ville et la livra au pillage de ses soldats (1). Le pape, assiégé dans le château Saint-Ange, se vit bientôt contraint de capituler. On exigeait de lui quatre cents mille ducats. Il lui fut impossible de trouver sur-le-champ cette somme. On le retint captif; et plus tard, il en offrit une plus considérable, pour sa rançon, outre des places dans quatre provinces des états pontificaux.

Il naquit alors (2) un fils à l'empereur, marié, l'année précédente, à Isabelle de Portugal. Les cortès reconnurent à Madrid (3) ce jeune prince en qualité d'héritier présomptif de la couronne d'Espagne. Elles confirmèrent, dans cette occasion, le décrêt porté à la Corogne, touchant l'exclusion des étrangers de tout emploi public, et statuèrent de plus qu'elle s'étendrait désormais aux dignités ecclésiastiques.

Un traité conclu à Cambrai (4), par l'entremise de Marguerite d'Autriche, tante de l'Empereur, et de Louise de Savoie, duchesse d'Angoulême, mère du roi de France, procura à l'Europe un repos momentané. François renouvella les stipulations du traité de Madrid, relatives à ses droits sur le royaume de Naples, Gênes,

(1) 6 Mai 1527.
(2) 31 Mai 1527.
(3) Avril 1528.
(4) 5 Août 1529.

le Milanez, ou à la souveraineté des comtés de Flandre et d'Artois. Il promit de payer deux millions d'écus d'or au soleil, lorsque ses fils lui seraient renvoyés. Charles, de son côté, se désista de ses prétentions sur la Bourgogne, en tirant néanmoins du monarque français, la promesse d'investir de ce duché le premier enfant mâle qui proviendrait de son union projetée avec Eléonore, sa sœur aînée, veuve d'Emmanuel, roi de Portugal.

L'empereur, fidèle à son plan, ne communiqua pas aux cortès ces conventions auxquelles adhérèrent successivement toutes les puissances belligérantes. Cette nouvelle violation des immunités nationales n'excita point de clameurs. Charles pouvait tout oser ; les Castillans, qui se laissaient éblouir par ses brillantes qualités, par le succès de ses vastes entreprises, ne pensaient nullement à contrôler les actes de son administration.

Trois ans après, les cortès tinrent leurs séances à Ségovie (1), sous la présidence de l'impératrice, régente de Castille et d'Aragon. L'empereur était alors en Italie. Il revenait d'Allemagne, où il avait eu la gloire de rassurer les peuples contre la crainte d'une invasion de la part de Soliman II. Depuis long-temps, il remarquait, non sans un vif déplaisir, que les

____

(1) Novembre 1532.

tribunaux n'observaient pas, dans l'examen des procès civils, les formes prescrites par le code adopté sous Ferdinand-le-Catholique, aux cortès de Toro. Il voulait corriger cet abus. Isabelle exposa ses idées en son nom. On les goûta ; elles devinrent la base d'admirables réglemens; mais on veilla mal à leur exécution, et les procédures, qu'on s'était proposé d'abréger, n'en demeurèrent ni moins longues ni moins ruineuses.

Charles ne tarda pas à rassembler les cortès à Madrid (1). Ce fut dans l'espoir d'en obtenir un subside extraordinaire pour les frais d'une expédition qu'il méditait contre le fameux Barberousse, dey d'Alger, usurpateur du royaume de Tunis. Il n'eut qu'à s'applaudir de cet essai. Les Algériens infestaient les côtes d'Espagne, de Naples et de Sicile, par des pirateries continuelles. On ne demandait pas mieux que de voir châtier l'audace de ces corsaires. Les trois ordres consentirent au recouvrement d'une subvention équivalente au montant des dépenses de l'armement. L'empereur traversa la mer avec cent quarante galères et deux cents soixante bâtimens de moindre grandeur. Il débarqua, sans obstacle (2), à Porto-Farine, d'où il s'élança sur les sables brûlans qui s'étendent du fleuve Magrada au Cap-Bon. La fortune seconda

(1) Janvier 1534.
(2) 16 Juin 1535.

son courage et son activité. Dans l'espace de deux mois, la forteresse de la Goulette fut emportée, l'armée de Barberousse mise en fuite, et Muley Hascem, roi de Tunis, replacé sur le trône dont ce redoutable adversaire l'avait forcé de descendre.

Le dey réclama l'appui de Soliman. La flotte ottomane, sortie des Dardanelles, s'avança vers le midi de l'Europe. Il était urgent de pourvoir à la sûreté des provinces maritimes de la péninsule. Les cortès rappelées à Madrid (1), aidèrent l'empereur à équiper deux puissantes escadres, qui devaient croiser dans la méditeranée, du golfe de Roses au détroit de Gibraltar.

(3) Janvier 1537.

CHAPITRE XXI.

*Changement notable dans l'organisation des cortès.
Décadence et ruine de leur autorité.*

1537. — 1539.

LES levées réitérées d'argent appauvrissaient
le peuple, et d'un autre côté, les besoins de
la couronne se multipliaient à l'infini. Le duc
Sforce venait de mourir. François I.er redeman-
dait le Milanez ; Charles s'en était déjà saisi,
sous prétexte de l'annexer à l'empire. La guerre
se ralluma. L'empereur passa le Var, à la tête
de cinquante mille hommes, tirés des garnisons
d'Italie, tandis que le comte Henri de Nassau
se portait sur la Somme, avec les forces militaires des Pays-Bas. Ils essuyèrent l'un et l'autre
de tristes revers. Leur retraite ouvrit aux Français le chemin de la Flandre et du Piémont. La
médiation de deux sœurs de Charles, Eléonore,
reine de France, et Marie, veuve de Louis II,
roi de Hongrie, suspendit pendant trois mois
les hostilités ; celle de Paul III, qui avait ceint

la tiare après la mort de Clément VII, convertit ce court armistice en une trêve de
dix ans (1).

L'embarras des finances se prolongea au sein
de la paix. On se vit dans l'impossibilité de payer
les troupes. Celles qui étaient stationnées en
Lombardie, éclatèrent en plaintes contre leurs
chefs, oublièrent totalement les régles de la
subordination et pillèrent plusieurs villes. Le
marquis de Guasto, gouverneur de la province,
ne parvint à leur faire toucher un à-compte qu'en
frappant une contribution arbitraire sur les plus
riches citoyens. On ne savait comment acquitter
le reste de la dette. L'empereur recourut aux
cortès. Il leur proposa, dans une session ouverte
à Tolède (2), d'établir, sous le titre d'accise,
une nouvelle taxe sur les objets livrés au commerce, moins onéreuse, disait-il, qu'une imposition directe, en ce qu'elle atteindrait toutes
les classes. Le clergé donna, sous certaines
réserves, son consentement à la perception de
ce droit. La noblesse refusa le sien. Cette résolution lui fut inspirée par le comte de Haro,
connétable de Castille, dans l'intérêt de ses
prérogatives menacées. Le troisième ordre demeurait incertain. Il appréhendait que l'impôt,
demandé en termes ambigus, quant à sa durée,

____

(1) 18 Juin 1538.
(2) 1539.

ne devint perpétuel. Pour éviter cet inconvénient, il offrit un don gratuit de douze millions, à diviser en trois annuités. Charles impatienté, congédia l'assemblée, et publia au même instant, une déclaration dans laquelle, après avoir posé en principe qu'on ne pouvait prendre part au maniement des affaires de l'état, si l'on n'en supportait les charges, il annonçait que les grands ne siégeraient plus aux cortès. Il étendit ensuite cette mesure aux prélats. La bourgeoisie seule conserva ses droits, mais avec des modifications propres à en rendre l'exercice illusoire.

Ainsi disparurent les antiques institutions de la monarchie castillane; il n'en resta plus que l'ombre. Le souverain prit, en quelque sorte, l'attitude d'un despote; mais les causes de ce mémorable changement dépendirent peut-être moins de l'ambition, de la force, de l'habileté de Charles-Quint, que des circonstances dans lesquelles il eut lieu. La royauté avait acquis presque partout un ascendant irrésistible. Elle avançait rapidement vers le pouvoir absolu. Ce mouvement remarqué long-temps avant la fin du quinzième siècle, se compléta dans la plus grande partie de l'Europe au commencement du seizième. Les Castillans subirent, avec une étonnante docilité, les conséquences du nouveau système de gouvernement; mais c'est qu'outre qu'ils partageaient le sort commun aux autres nations, leur admiration pour l'empereur, la haute idée qu'ils avaient de sa puissance, les disposaient à se plier à sa volonté. Ils étaient préparés à prendre de nouvelles mœurs. Les deux premiers ordres regrettèrent peu les avantages dont ils se trouvaient privés; ils espéraient se dédommager au moyen des grâces que répandrait sur eux la main libérale du prince. Le peuple ne comprenait pas encore que ses mandataires , séparés du clergé et de la noblesse , ne formeraient jamais une véritable représentation nationale ; il était à cet égard dans une parfaite sécurité. Ce fut à ces motifs que le royaume dut le calme dont il continua à jouir après le coup d'état qui , à une autre époque, l'aurait ébranlé jusques dans ses fondemens.

CHAPITRE XXII.

Fin du règne de Charles-Quint. Des cortès sous Philippe II.

1539. — 1598.

Il s'écoula dix-sept ans entre la tenue de l'assemblée de Tolède et l'abdication de Charles-Quint. Durant ce laps de temps, les cortès ne furent pas une seule fois convoquées. L'empereur avait fortement à cœur de concentrer dans ses mains toute la puissance législative. Il travaillait sans relâche à développer le principe d'absolutisme introduit dans l'administration. Poussé par le sentiment de sa grandeur, il essaya souvent de donner à ses édits ou rescrits la force d'une loi, de régler arbitrairement l'assiette ou la perception de l'impôt. Il allait à son but avec autant d'adresse que de persévérance.

La trève dont il était convenu avec le roi de France, ne dura que trois ans. L'assassinat, commis, près de Pavie, sur la personne de deux ambassadeurs français , qui se rendaient , l'un à Venise, l'autre à Constantinople, amena une nouvelle rupture. On se battit en Roussillon , en Piémont, dans les Pays-Bas, sur le Rhin. La perte de la bataille de Cérisoles exposa Milan ; mais Charles envahit la Champagne et la Brie , et le roi d'Angleterre, son allié, assiégea Boulogne et Montreuil.

Un traité, signé à Crespy, en Laonois (1) , copie littérale de ceux de Madrid et de Cambrai, arrêta l'effusion du sang humain. Ce fut pour peu de temps. L'empereur contestait à Octave Farnèse, petit-fils de Paul III, le droit de posséder les duchés de Parme et de Plaisance, concédés à son père par son ayeul. Il les revendiquait comme une ancienne dépendance du Milanez. Jules III , successeur de Paul, qui, d'abord , contraria ses vues, unit ensuite ses armes aux siennes , dans l'espoir de parvenir à remettre ces deux fiefs sous la dépendance du Saint-Siége. Farnèse ne pouvait résister à de si puissans ennemis ; mais Henri II, fils de François I.er, dont son frère, Horace, duc de Castro, devait épouser la fille naturelle, lui fournit d'utiles secours. De là vint une guerre opiniâtre, qui désola, pendant cinq ans, les plus belles contrées de l'Europe. Elle cessa au moyen d'une trève, ménagée à Vaucelles (2), dans le Cam-

(1) Septembre 1544.
(2) 4 Février 1556.

brésis, sous les auspices de Marie, reine d'Angleterre, belle-fille de l'empereur.

Déjà, Charles, fatigué du poids de sa couronne, l'avait cédée à Philippe II, son fils unique
(1). Il laissa le sceptre impérial à Ferdinand,
son frère, élu roi des Romains (2).

La paix qu'il avait procurée à ses peuples, fut
rompue à l'avénement de son fils. Paul IV,
qui, depuis environ un an, gouvernait l'église,
brûlait du désir de soustraire l'Italie au joug de
l'Espagne. Il invita le roi de France à l'aider
dans l'exécution de ce hardi projet. Henri lui
envoya des troupes. Elles furent repoussées par
le duc d'Albe. Philippe remportait en mêmetemps sur les Français une victoire éclatante à
Saint-Quentin (3), événement dont la construction du superbe palais de l'Escurial a eu pour
objet d'éterniser la mémoire. Après d'autres
succès, mêlés de quelques légers revers, on
entama des négociations à Catean-Cambrésis.
Elles se terminèrent par un traité qui rétablit
l'harmonie entre les deux monarques (4). Philippe n'en donna pas connaissance aux cortès;
il était déjà résolu de marcher sur les traces
de son père.

(1) 1.er Janvier 1556.
(2) 7 Septembre 1556.
(3) 10 Août 1557.
(4) 3 Avril 1559.

On vit néanmoins les cortès offrir bientôt (1) à Tolède le vain spectacle d'une de leurs sessions. Ce corps mutilé n'était plus qu'un squelette impuissant. Le roi le mania à son gré. Les Morisques ou Maures convertis de Grenade inspiraient des craintes à ce prince ombrageux. Pour les empêcher de se soulever, il avait concerté contre eux les mesures les plus rigoureuses. Les procureurs des cités en autorisèrent la mise à exécution, sans réfléchir aux suites funestes que pouvait avoir un jour cette lâche condescendance.

Une seconde séance qu'ils tinrent dans la même ville, quelque temps après (2), se réduisit à une pure cérémonie. Il s'agissait du serment à prêter à l'infant don Carlos, fils aîné du roi. Dans une autre, qui fut ensuite indiquée à Madrid (3), il ne se passa rien de plus réel. Des députés du Mexique, ayant à leur tête don Diégo Maxiscatem, alcalde-majeur de Tlascala, étaient venus en Espagne, supplier le roi d'unir irrévocablement cette colonie à la couronne de Castille. Philippe voulut les recevoir en présence des délégués de la nation ; mais il parut qu'il avait appelé ces derniers, moins pour délibérer sur la demande des Mexicains,

(1) Novembre 1559.
(2) Février 1560.
(3) Août 1563.

que pour ajouter à la pompe de l'audience. Il
rendit, sans les consulter, un édit par lequel
il déclarait que l'ancien empire de Montezuma
ne pourrait jamais être détaché de la monarchie.
Il étendit même cette promesse à tous les pays
découverts dans le nouvel hémisphère, et connus sous la dénomination d'Indes occidentales.
Ces dispositions étaient conformes aux vœux
des Castillans : on ne remarqua pas qu'elles
n'avaient que l'apparence d'une loi de l'état.

Mais sous ce point de vue, Philippe ne se
gêna bientôt plus. Il aspirait à jouir d'une autorité sans limites ; il ne chercha pas à le
dissimuler. Les cortès, malgré leur abaissement,
lui semblaient enco re redoutables; il les regardait
comme un instrument dangereux, uniquement
propre à entraver la marche de l'administration.
Dans l'espace de vingt-un ans, il ne les réunit,
en deux occasions différentes (1), que pour
leur faire jurer fidélité à ses deux derniers fils,
don Diégo et don Philippe, qui héritèrent, l'un
après l'autre, des droits de l'infant don Carlos,
leur frère aîné, mort dans sa disgrâce. Il pro-
mulgua, sans leur aveu préalable, des ordonnances en matière de législation, un supplément
au code publié sous Ferdinand III, de nouveaux
édits contre les Moris ques. Il détermina aussi
les changemens à apporter dans la jurisprudence,

(1) 1580 et 1584.

par suite de l'acceptation des décrêts du concile
de Trente, laquelle avait eu lieu dans des synodes
provinciaux, célébrés, d'après ses désirs, à
Salamanque, à Saragosse, à Valence, à Tolède.

Il achevait ainsi d'anéantir le pouvoir des
cortès, et nulle voix ne s'élevait en leur faveur.
Les deux premiers ordres du royaume ne pouvaient prendre un vif intérêt au maintien des
attributions d'un corps dont ils ne faisaient plus
partie; ils en avaient au contraire un très-grand
à rester tranquilles spectateurs des envahissemens
de la puissance royale. Le clergé, dont l'influence politique s'était constamment soutenue, à
l'ombre des guerres de religion, trouvait un
moyen sûr de l'accroître dans la piété vraie ou
feinte du roi, qui attendait en retour des marques non équivoques de son dévouement. De
là, le défaut d'opposition de la part des évêques
aux progrès du gouvernement absolu; de là,
également l'appui que lui prêtait l'inquisition,
tribunal ecclésiastique, établi pour connaître des
crimes d'hérésie, et qui devint l'effroi des novateurs sous un prince qui s'annonçait comme
protecteur zélé de la foi catholique. Les charges
de la cour, les emplois militaires tenaient la
noblesse dans la dépendance. La bourgeoisie,
abandonnée à elle-même, ne songea pas à défendre ses droits. Il est permis de supposer qu'elle
attachait peu d'importance à leur conservation,

depuis qu'on en avait borné l'exercice à de vaines formalités ; mais cette indifférence avait encore une autre cause. Les premiers Espagnols qui s'étaient fixés en Amérique, y avaient, en peu d'années amassé d'immenses richesses. Leur rapide fortune produisit de nombreuses émigrations. On volait en foule dans des contrées qui renfermaient d'inépuisables trésors. La cupidité éteignit tout sentiment de patriotisme et de liberté. Les abus du pouvoir royal se multiplièrent. On perdit le souvenir des vieilles traditions.

Telle était l'altération qu'avait déjà subi l'esprit public, lorsque, vers la fin de son règne, Philippe II convoqua les cortès (1), pour remédier au désordre de ses finances. Il ne put tirer de son apathie la classe de citoyens à laquelle il s'adressait. On ne se rendit pas aux assemblées particulières, destinées à élire les députés. L'accomplissement de ce devoir paraissait onéreux ; on craignait de se déplacer, de se distraire de ses affaires. Les choix furent faits par *l'ayuntamiento* ou conseil de chaque ville, et tombèrent presque partout sur des officiers municipaux. Depuis, on ne procéda pas autrement à ces nominations ; la masse de la population, ou même celle des bourgeois n'y prit plus aucune part.

Les mandataires des nouveaux corps élec-

____

(1) Juin 1590.

toraux, honorés du titre de représentans des cités, se réunirent à Madrid. Le roi leur exposa ses besoins. Des expéditions en Afrique, la révolte des Pays-Bas, celle des Maures de Grenade, la guerre contre les Turcs, l'invasion du Portugal, le projet d'une descente en Angleterre l'avaient entraîné dans d'excessives dépenses. Il envoyait encore de l'argent en France, pour y entretenir la division et gagner les membres les plus influens de la ligue qui fermait le chemin du trône à Henri IV, auquel il espérait que la nation préférerait Isabelle, sa fille, nièce des trois derniers rois. Ses prodigalités avaient épuisé ses ressources. Il ne pouvait les continuer et courait le risque de voir le zèle des partisans de l'infante se refroidir. Les cortès lui accordèrent un secours de six millions cinq cents mille livres.

Elles ne reparurent plus sous son règne. Ce prince mourut (1), après avoir inutilement consumé l'or du Mexique et du Pérou. Presque aucune de ses vastes entreprises n'avait réussi. L'Espagne conservait néanmoins le rang qu'elle avait acquis en Europe; toutes les puissances la redoutaient encore. Elle n'avait en apparence rien perdu de sa force et de sa splendeur; mais sa faiblesse et sa langueur réelles se révélèrent sous Philippe III.

(1) 13 Septembre 1598.

CHAPITRE XXIII.

Des cortès sous les trois derniers rois de la maison d'Autriche.

1598. — 1700.

A la mort de Philippe II, la dette de l'état s'élevait déjà à cent quarante millions de ducats, pour lesquels on payait un intérêt de sept millions. Il devenait impossible de l'éteindre. On avait aliéné vainement, dans ce dessein, des domaines considérables en Italie. Une main habile eut peut-être pu soutenir la monarchie. L'indolence de Philippe III, l'incapacité du duc de Lerme, investi de toute sa confiance ; la présomption de Rodrigue Calderon, sur qui ce ministre se reposait à son tour du soin des affaires, la précipitèrent vers sa décadence. Les charges annuelles du trésor royal excédaient de beaucoup les recettes, composées du produit des contributions de toute nature, des droits établis sur les marchandises ou denrées introduites dans le royaume ou transportées d'une province à l'autre, et du droit de quint, c'est-à-dire du cinquième de la valeur des matières extraites des mines d'Amérique. On ne prit aucune mesure pour combler ce déficit; bien plus, on commit la faute de se livrer à d'inutiles dépenses. On ne prévoyait pas qu'on se mettait ainsi dans l'impuissance d'en acquitter d'indispensables : on marchait au hasard. L'armée des Pays-Bas demeura bientôt sans solde, et dans plusieurs occasions, elle manqua même de subsistances. Il fallait cependant continuer la guerre contre les Hollandais, parvenus, sous la direction du prince d'Orange, à conquérir leur indépendance. Le moyen de la faire avec honneur !

L'archiduc Albert, époux de l'infante Isabelle, cessionnaire des états qui avaient autrefois appartenu à la maison de Bourgogne, se vit contraint d'évacuer la Hollande méridionale, où les Espagnols étaient récemment entrés. Il opéra sa retraite sur les provinces Walonnes. Les Hollandais le suivirent de près. Il perdit des places dans le Brabant; il essaya de défendre la Flandre, et fut complétement défait sous les remparts de Nieuport. La prise d'Ostende, après un siège de trois ans et trois mois, compensa mal ces revers. On dut cet avantage tardif au courage et au rare dévouement d'Ambroise Spinola, riche génois, qui entretenait à ses frais

les troupes dont on lui avait donné le commandement.

Les autres corps de l'armée se soulevèrent
faute de paie. L'archiduc appaisa cette sédition
en promettant aux soldats de leur faire compter,
dans un délai déterminé, toutes les sommes dues;
il livra des otages pour sûreté de sa parole. La
cour ne pouvait se dispenser de le mettre à
portée de la tenir ; mais les coffres du roi étaient
vides. Le duc de Lerme et son commis reculèrent
devant la pensée de créer de nouveaux impôts.
Quoique tous les droits du peuple, relatifs à
l'administration, eussent été absorbés par la
prérogative royale, la question de savoir si l'on
devait n'y avoir aucun égard même en matière
de subsides, restait en quelque sorte indécise.
On n'osa la trancher. Il paraissait d'ailleurs plus
naturel et plus avantageux de rejeter sur les
cortès une effrayante responsabilité. Elles furent
donc convoquées à Madrid (1), et dociles aux
inspirations du ministère, elles consentirent à
l'établissement d'une taxe de douze et demi pour
cent sur le prix des vins et des huiles récoltés
ou vendus, dans l'étendue des territoires dépen-
dans de la couronne de Castille. Ce prélèvement
devait avoir lieu pendant huit ans ; on supposait
qu'il produirait vingt-trois millions.

Cette appréciation ne se trouva pas exacte.

(1) 1607.

Les Espagnols dédaignaient l'agriculture et né-
gligeaient l'industrie, seules et véritables sources
de l'opulence des nations. Accoutumés à des
retours périodiques d'argent, ils vivaient dans
une fatale oisiveté, et se voyaient réduits à la
misère lorsque la mer engloutissait leurs espérances ou que l'ennemi les leur enlevait. Ces
accidens compromettaient fréquemment la rentrée des deniers publics. L'Espagne succombait
sous le poids de sa propre grandeur : elle n'était
plus capable de vigoureux efforts. Un peuple
pauvre, mais économe, actif, intrépide, per-
sévérant, se jouait de cette puissance autrefois
si formidable. La lutte devenait trop inégale.
On sentit la nécessité de la terminer. Après
avoir détaché Jacques I.er, roi d'Angleterre, de
l'alliance des Hollandais, on conclut avec ces fiers
républicains une trève de douze ans (1), sous
la garantie de Henri IV, roi de France.

L'Espagne reconnaissait la Hollande pour état
libre et indépendant. Cette honteuse concession
dévoilait le secret de sa détresse. L'Europe, à
qui elle avait si long-temps inspiré de l'effroi,
cessa de la redouter.

Le bienfait de la paix améliora peu la déplorable
situation de ce pays. Les Morisques, répandus
dans les royaumes de Grenade et de Valence,
cultivaient avec soin les terres dont les anciens

(1) 9 Avril 1609.

capitulations leur attribuaient la jouissance ; ils dirigeaient même des manufactures. On les accusa de trâmer des complots contre la sûreté de l'état, en haine de la religion chrétienne que leurs ancêtres avaient été forcés d'embrasser. Un décret royal leur ordonna de sortir de la péninsule. Leur expulsion calma les craintes du gouvernement, mais le priva d'environ un million de sujets laborieux. L'indigence des classes inférieures de la population s'accrut avec une effrayante rapidité. Il leur fut impossible d'acquitter les impositions exorbitantes qui pesaient sur elles. Les précieux métaux du nouveau monde ne leur étaient presque plus d'aucun secours. Ils s'écoulaient promptement chez les nations étrangères, en échange des divers objets de consommation dont les Espagnols se trouvaient dépourvus par l'effet de leur paresse. Le duc de Lerme pensait que ce mal-aise provenait uniquement de l'extrême rareté des espèces monnoyées. Il conçut le projet d'en faire frapper de nouvelles au moyen d'une partie de l'or et de l'argent employés au service ou à la décoration des églises, ou bien à satisfaire le luxe des particuliers. Il parut en conséquence un édit qui enjoignait à tous les détenteurs de ces matières, sans distinction, d'en remettre un inventaire exact aux officiers royaux, chargés de le recevoir. Le clergé, corps trop puissant pour se plier aux caprices du ministre, s'éleva contre cette mesure. Il déclara qu'il ne livrerait jamais les vases sacrés, ni ne laisserait dépouiller les autels de leurs ornemens. Le duc de Lerme intimidé, changea de plan. Il fixa la monnaie de cuivre ou de *vellon* à une valeur nominale égale à celle de l'argent, expédient absurde, qui, loin de guérir le mal ne fit que l'augmenter, les peuples voisins ayant aussitôt introduit en Espagne une prodigieuse quantité de pièces fausses, fabriquées chez eux, afin de s'approprier en retour ce qui y restait de monnaie de bon aloi.

Une intrigue de cour fit exiler le duc de Lerme, devenu cardinal. Le duc d'Uzéda, son fils, principal auteur de sa disgrâce, le remplaça. Les choses n'en allèrent pas mieux. On jeta dans un cachot Rodrigue Calderon, à qui on imputait toute sorte de crimes. Le plus grand sans doute était sa haute fortune; la noblesse ne pouvait pardonner à un homme sans nom d'avoir eu part à la faveur du monarque.

Le duc d'Uzéda voulait se maintenir au pouvoir. Il distribua les revenus du fisc à la foule des courtisans dont il croyait devoir capter la bienveillance. En même-temps (1), il offrait des récompenses honorifiques, l'exemption du service militaire aux citoyens qui se distingueraient par d'heureux essais dans la culture des champs. Il

______

(1) 1620.

se flattait de ranimer le goût du travail et de vivifier l'Espagne ; mais l'indolence de la nation résista à ces amorces, et des terres naturellement fertiles, qui n'attendaient que la main du laboureur pour se couvrir d'abondantes moissons , n'en demeurèrent pas moins en friche.

Bientôt, Philippe III cessa de régner (1). Philippe IV, son fils, héritier de sa faiblesse, ne prit les rênes du gouvernement que pour les abandonner au comte-duc d'Olivarès, dont l'ambition surpassait celle du duc d'Uzéda, mais qui du moins y joignait des talens. On touchait au moment de voir expirer la trêve avec les Hollandais. La prudence conseillait de la renouveller ; l'orgueil national prévalut. On recommença la guerre.

Cette démarche allait rendre plus sensible le manque de numéraire. Le nouveau ministre se hâta d'appeler les cortès à Madrid (2), dans la ferme persuasion que le désir d'assurer le triomphe des armes espagnoles les porterait à autoriser la levée d'un fort subside. Le discours d'ouverture roula sur cette idée ; mais l'assemblée ne la goûta pas. Son orateur, don Francisco de Arriaga, l'un des envoyés de Burgos, fut chargé d'éviter toute réponse positive. Il se borna donc à de vagues protestations de fidélité et de dévouement ;

(1) 31 Mars 1621.
(2) Mai 1621.

puis, il parla des maux qu'endurait le peuple ; il disserta longuement sur les moyens de le soulager et finit par supplier le roi : 1.º de modérer les impôts; 2.º de réformer les abus qui s'étaient introduits dans le mode de perception ; 3.º de retirer de la circulation la monnaie de cuivre élevée à un taux fictif, infiniment supérieur à sa valeur intrinsèque; 4.º de supprimer les régies, nouvellement établies, pour la vente exclusive des cartes à jouer, de la poudre à canon, du piment, du mercure ou vif argent; 5.º de diminuer le nombre trop considérable des employés de police ou de finance; 6.º de réprimer le luxe, poussé jusqu'à l'excès; 7.º de créer des ateliers publics pour procurer de l'ouvrage aux indigens ; 8.º de relever le commerce anéanti.

On voit ici, à n'en pouvoir douter, que l'on avait déjà totalement oublié les coutumes anciennes. Plusieurs des demandes soumises au roi dans cette circonstance, s'appliquaient à des objets qui rentraient auparavant dans les attributions des cortès. On ne savait plus quelles étaient les limites de l'autorité royale, ou plutôt on pensait qu'elle n'en avait pas. Les mœurs se trouvaient complètement changées ; l'amour du souverain était devenu la passion dominante des Castillans; il se confondait dans leurs cœurs avec celui de la patrie.

Le comte-duc n'accueillit point les humbles

prières des cortès ; il semblait se venger du refus qu'elles faisaient d'adopter de leur côté ses
propositions. Rassemblées deux ans après aux
mêmes fins (1), elles ne lui montrèrent pas plus
de complaisance. Elles se contentèrent de re-
produire les vœux qu'elles avaient exprimés dans
la précédente session. On les congédia de la même
manière. Leur voix avait été cependant entendue.
La promulgation d'une ordonnance, en partie
calquée sur leurs représentations, ne tarda pas
à l'apprendre au publie (2). Le roi exhortait ses
sujets à se livrer aux travaux champêtres. Pour
les y déterminer, il renouvellait les décrêts
portés sous le dernier règne. Dans la crainte
néanmoins de ne pouvoir combattre avec un
entier succès leurs funestes préjugés, il invitait
les cultivateurs étrangers à venir s'établir en
Espagne, leur promettant de les exempter à
jamais de tout tribut, à la seule condition de faire
valoir les fermes qui leur seraient concédées.
Mais tandis qu'il cherchait à encourager l'agriculture, il laissait subsister les lois qui la gê-
naient. Le prix des grains était taxé ; on supposait
cette précaution nécessaire pour prévenir les inconvéniens d'une excessive cherté, sans songer
qu'elle amenait le plus souvent la disette. Par
une conséquence naturelle du même système,

(1) 6 Avril 1623.
(2) Février 1624.

l'exportation des blés était en tout temps prohibée : on ôtait ainsi aux petits propriétaires l'espoir de les vendre avantageusement ; on éteignait parmi eux toute émulation.

Entraînés par le désir de faire fortune, beaucoup d'Espagnols continuaient à s'expatrier. On avait résolu de comprimer ce funeste élan. Il fut défendu de sortir de l'Espagne, avec sa famille, sans une permission du roi, sous peine de confiscation de son mobilier. On alla plus loin. Afin de fixer, le plus possible, les individus sur le sol natal, on mit empêchement aux longues courses, entreprises, sans motif, dans l'intérieur du royaume. On condamnait à une amende de mille ducats celui qui se rendait à Madrid ou dans les capitales de province, s'il ne justifiait de la nécessité du déplacement.

Ces mesures tendaient à favoriser l'accroissement de la population. Quelques-uns des articles de la même ordonnance en contenaient de plus efficaces. Ils avaient pour but principal de faciliter les mariages. Chaque nouvel époux était dispensé, pendant quatre ans, de contribuer aux charges publiques, de loger des gens de guerre ; un mineur jouissait, à partir de la célébration de ses noces, du droit d'administrer ses biens et ceux de sa femme ; il lui était même permis de se marier, sans le consentement de ses parens ; le père de six enfans mâles obtenait le privilège de n'être assujetti, durant sa vie, à aucune sorte d'imposition; des fonds étaient assignés, pour doter, tous les ans, de jeunes filles pauvres.

A l'égard du luxe, on défendait à toutes personnes, sans en excepter même les infants, d'avoir plus de dix-huit domestiques à leur service (1); de dorer ou argenter aucun métal, de broder d'or ou d'argent les meubles ou les habits; on ne le tolérait que pour les harnois des chevaux. On proscrivait l'usage des manteaux de soie (2). On réglait les dots suivant le bien des familles; le fiancé ne pouvait dépenser en joyaux, bijoux, vêtemens pour la future, au-delà du huitième de la dot.

L'ordonnance supprimait les deux tiers des officiers de justice et de finance. Elle dépouillait les chancelleries du droit d'envoyer des juges en commission dans l'étendue de leur ressort; elle statuait enfin que les officiers du palais, les alguazils de la cour, les secrétaires du roi cesseraient d'être logés aux dépens de l'état ou de recevoir une indemnité représentative, et que les *aposentadores* ou grands maréchaux-des-logis dans les résidences royales, qui s'étaient multipliés à l'infini, seraient réduits à cinq.

Parmi ces dispositions, il y en avait dont

_____

(1) Voir la note n.° 5.
(2) Voir la note n.° 6.

l'utilité ne pouvait être contestée ; mais elles demeurèrent toutes sans exécution. Les cortès de nouveau réunies à Madrid (1), présentèrent à ce sujet des remontrances au roi. Elles ne voyaient pas que le plus grand obstacle que rencontraient les améliorations projetées, était le génie de la nation. Le gouvernement se trouvait dans l'impuissance de réaliser son plan. Pour comble de malheur, les Hollandais prenaient des villes dans le Brésil, dans le Pérou, enlevaient à l'Espagne une partie des trésors qu'elle attendait avec impatience. Olivarés s'adressa aux cortès pour réparer cette dernière perte. Elles votèrent un don gratuit de soixante douze millions, payables en six années. Au bout de ce terme (2), on les engagea à renouveller cette subvention. Elles s'y refusèrent. Le ministre eut recours à la ressource des emprunts, et se créa ainsi des embarras pour l'avenir.

Les cortès reconnurent alors comme prince héréditaire l'infant don Charles-Balthasar, fils du roi, âgé seulement de trois ans. Après la mort de ce prince (3), elles prêtèrent serment à l'infante Marie-Thérèse, sa sœur (4).

L'ouverture de la succession de Vincent, duc

(1) 1625.
(2) 1632.
(3) 9 Octobre 1647.
(4) Janvier 1655.

de Mantoue, avait fait naître de violens démêlés
entre la France et l'Espagne. D'autres intérêts
étaient venus compliquer la querelle. Au milieu
des événemens divers de cette nouvelle guerre,
le Portugal brisa ses chaînes et couronna le
duc de Bragance; la Catalogne, soulevée,
appela les Français. La chute du comte-duc
suivit d'assez près cette double révolte, repré-
sentée par ses ennemis comme le résultat de
sa mauvaise administration. Un neveu de ce
favori, don Louis de Haro, prit sa place, et
quoique moins habile, dirigea les affaires avec
plus de succès. On traita avec les Hollandais,
lors de la fameuse paix de Westphalie (1), qui
changea les bases de la politique de l'Europe.
On lutta encore péniblement contre la France,
jusqu'à celle des Pyrénées (2), où l'on convint
du mariage de l'infante avec Louis XIV. La
position de cette princesse n'était plus la même.
Son père, veuf d'Elisabeth, sœur de Louis XIII,
et remarié à l'archiduchesse Marie-Anne d'Autriche, fille de l'empereur Ferdinand II, avait
eu un second fils, don Philippe-Prosper ; mais
la santé de cet enfant ne semblait pas lui pro-
mettre une longue vie. Il pouvait donc arriver
que Marie-Thérèse se retrouvât un jour héritière
de la couronne, et que, par elle, la maison de
Bourbon vint à régner sur l'Espagne, au pré-

(1) 30 Janvier 1648.
(2) 7 Novembre 1656.

judice de la branche cadette de celle d'Autriche. C'est ce que l'on voulait éviter. On imagina pour cela d'exiger que la future reine de France renonçat à ses droits. Les cortès, convoquées à Madrid (1), ratifièrent cette renonciation de la manière la plus solennelle : on se persuadait qu'elle garantissait le repos de la monarchie.

Comme on le craignait, l'infant don Philippe-Prosper ne vécut point. Ce fut un prince, né après lui, Charles II, qui succéda à Philippe IV (2). Il avait quatre ans et demi. La rivalité de la reine mère, déclarée régente, et de don Juan d'Autriche, fils naturel du roi défunt, troublèrent sa minorité. La reine confia successivement la conduite de l'état à deux hommes incapables, le père Evrard Nitard, jésuite allemand, et Fernando de Valenzuéla, poëte médiocre, devenu *Caballerizo mayor* ou grand-écuyer. On fit une paix honteuse avec le Portugal (3). Louis XIV se saisit de la Flandre et de la Franche-Comté, provinces, selon lui, dévolues à sa femme, d'après la jurisprudence qui les régissait. On lui laissa une partie de ses conquêtes par le traité d'Aix-la-Chapelle (4). L'Espagne devait subir toute sorte d'humiliations.

La guerre avait consommé la ruine des finances.

(1) Juillet 1660.
(2) 17 Septembre 1665.
(3) 13 Février 1668.
(4) 2 Mai 1668.

Il importait de les remettre en ordre. La régente
établit un conseil ou plutôt un bureau dit d'e-
xamen, chargé d'opérer le retranchement des
dépenses inutiles et de proposer en outre les
réductions dont paraîtraient susceptibles celles
qui devraient être indispensablement maintenues.
Elle calculait d'avance les nombreuses économies
qu'aménerait ce travail; mais pour les obtenir,
il fallait proscrire trop d'abus. Un génie ferme
et vigoureux eut pu seul vaincre cette difficulté.
Les officiers du palais, les membres des différens conseils, ceux de la haute magistrature,
soit dans la capitale, soit dans les provinces,
recevaient d'énormes traitemens; ils les conservaient presque en entier, à titre de pension,
lorsqu'ils cessaient d'exercer leur charge. On
multipliait les places de surnuméraire; on donnait des survivances, même pour plusieurs gé-
nérations, et les individus auxquels on accordait ces faveurs, jouissaient, par anticipation,
des émolumens attachés à chaque emploi. Ce
vicieux système alimentait la cupidité des grands.
On risquait de les irriter en arrêtant des réformes ; on n'osa les tenter, et la création du
nouveau comité n'aboutit qu'à grever le trésor
du montant des gratifications payées à ceux qui
le composaient.

La majorité du roi (1) n'apporta aucun chan-

(1) 1675.

gement à cet état de choses. La monarchie continua à décliner visiblement. Les généreux efforts de l'infant don Juan, qui fit renvoyer Valenzuéla et accepta le ministère vacant, ne purent la relever. Le duc de Médina-Céli et le comte d'Oropésa, ses successeurs, montrèrent inutilement le désir de le prendre pour modèle ; la débilité d'esprit de Charles II, toujours gouverné par sa mère, ne leur permit pas de suivre ce projet.

Les longues guerres que l'Espagne soutint sous ce règne, l'épuisèrent totalement. Pour subvenir aux grosses dépenses qu'elles exigèrent, on diminua des deux tiers les espèces d'or et d'argent ; on vendit la grandesse et les vice-royautés du Mexique et du Pérou ; on emprunta à quinze pour cent. Le commerce tomba. On voulut lui redonner de l'activité ; mais l'existence seule d'une douane dans chaque province, suffisait pour faire avorter un semblable dessein.

Le gouvernement tenait à se passer du concours des cortès. Ses résolutions portaient toutes l'empreinte de l'arbitraire, et hâtaient les progrès du pouvoir absolu. Les impôts, dont la perception n'avait jamais été consentie que pour un temps limité, furent rendus permanens. On alla jusqu'à en augmenter la quotité par ordonnance royale, et cet empiétement sur la plus essentielle des prérogatives du peuple, souvent renouvellé, finit par être regardé comme un droit incontestable de la couronne.

Tel devait être le résultat de l'influence continue et des entreprises multipliées de l'administration. On l'a déjà vu, les Castillans connaissaient mal la nature et l'étendue de leurs anciennes franchises. Ils avaient tous les moyens de découvrir en quoi elles avaient consisté ; mais ils attachaient peu d'importance à cette recherche. La seule classe intéressée à s'y livrer, celle de la bourgeoisie, suivait, sans réflexion, l'exemple des deux premiers ordres, dont la position différait complétement de la sienne. C'est ce qui explique l'étonnante facilité avec laquelle s'accomplit, sous le plus indolent et le plus incapable des monarques, une révolution qui fixait dans ses mains toute la puissance législative. Charles II recueillait les fruits des travaux de ses prédécesseurs et profitait de l'insouciance de la nation.

CHAPITRE XXIV.

*Etat de l'Aragon sous la dynastie autrichienne.
Condamnation du justice-majeur à la peine
capitale. Suppression de sa dignité. Abolition
de quelques autres privilèges du royaume.*

1546. — 1700.

BIEN que réuni à la Castille par l'effet du mariage de Ferdinand V et d'Isabelle, l'Aragon
conservait ses lois, ses immunités, ses coutumes
particulières. Les états s'assemblaient régulièrement tous les deux ans, sous la présidence du roi
ou du justice-majeur. La session durait quarante
jours. Le souverain ne pouvait, en aucun cas, ni
prolonger ni restreindre sa durée. Elle se tenait
indifféremment à Saragosse, à Tarazona, à
Calatayud ou à Monzon. On y délibérait sur
les affaires administratives, la police intérieure,
les finances. On y examinait scrupuleusement
la conduite des fonctionnaires publics, la gestion
des agens du fisc.

Les états avaient insensiblement perdu, comme les cortès de Castille, le droit de décider de la paix et de la guerre. Charles-Quint et Philippe II parvinrent à leur en ôter beaucoup d'autres. Ils leur laissèrent la faculté de consentir l'impôt, mais non pas toujours la liberté de le refuser.

La constitution avait déjà reçu de graves atteintes, lorsque Philippe II lui porta le plus rude coup. Antonio Pérez, secrétaire d'état, accusé d'avoir fait assassiner Escovédo, confident de don Juan d'Autriche, fils naturel du roi, s'était d'abord lavé de ce crime, en le rejetant sur son maître. Il fut poursuivi de nouveau pour ce motif, condamné à une forte amende et à la détention. Il échappa à ses geoliers, et se réfugia en Aragon, son pays natal, dont il invoqua les privilèges. On ne l'écouta pas. On l'arracha violemment de la retraite qu'il s'était choisie à Calatayud; on le conduisit à Saragosse. Là, il réclama la protection du justice-majeur. Un long débat s'établit entre ce magistrat et les alguazils ou sergens royaux. Le marquis d'Almenaza, capitaine-général de la province, le termina, en livrant Pérez à l'inquisition. Le peuple alors se souleva. Les portes de la prison du saint office furent brisées, les signes de l'autorité suprême anéantis, les troupes royales forcées de sortir de la ville, après avoir

vu massacrer leur chef. La sédition s'étendit.
Le roi chargea don Alonzo de Vargas de la
réprimer. Le grand-justicier, Juan de Lanuza,
fit publier un des articles de la loi fondamentale, qui engageait les Aragonais à s'opposer au
séjour de toute milice étrangère sur leur territoire. On courut en foule se ranger sous l'é-
tendard de la révolte ; mais cette première
ardeur se refroidit. Les Castillans battirent les
rebelles, devenus moins nombreux. Juan de
Lanuza, le duc de Villa-Hermosa, le comte
d'Aranda, pris dans l'action (1), eurent la tête
tranchée. Antonio Pérez se sauva en Béarn.

Le supplice du justice-majeur répandit l'épou-
vante dans l'Aragon. Sa dignité, qui présentait
à l'imagination des citoyens, l'idée d'une puissance supérieure à celle du roi, fut supprimée.
Philippe II défendit aux états de procéder à une
nouvelle élection, et les priva en outre de
plusieurs prérogatives d'une moindre importance.

Il existait une espèce de lien politique entre
les trois anciennes provinces de la couronne
d'Aragon. Elles se considéraient toujours comme
formant une fraction indépendante du royaume
de Castille. Les rois d'Espagne en laissant subsister la division territoriale, qui se trouvait
sans objet depuis la mort de Ferdinand-le-Catholique, contribuaient à fortifier cette opinion.

(1) 1591.

Les états de Catalogne et de Valence avaient, à peu de chose près, les mêmes attributions que ceux d'Aragon. Ils tenaient leurs séances séparément; quelquefois surtout, s'il s'agissait de prendre des résolutions communes aux trois contrées, ils se réunissaient, avec l'agrément du roi ou sur la convocation du justice-majeur.

Le génie des habitans de ces provinces différait de celui des Castillans. Ceux-ci se montraient plus zélés pour la gloire de la nation, plus dévoués au souverain; ils supportaient plus patiemment le poids des charges publiques. Sous Philippe IV, les Catalans invités à fournir un secours extraordinaire d'argent, à l'occasion de la guerre contre la Hollande, refusèrent de délibérer. Le roi se rendit à Barcelone. Sa présence ne changea pas la disposition des états. Un membre de cette assemblée, nommé Béat, frappa de son poignard le duc de Cardone, qui avait ouvert un avis contraire à celui de la majorité. Philippe, saisi d'indignation, quitta la ville à l'heure même.

Olivarés entreprit de vaincre l'obstination de ce peuple. Il l'assujettit à une taxe arbitraire, calculée en raison de l'aisance présumée des familles, et lui assigna, dans la levée des recrues, un contingent de six mille hommes, destinés à renforcer l'armée d'Italie. Mais les Catalans se fondant sur les usages antérieurs à la réunion des diverses parties de la péninsule, sous une même domination, croyaient avoir le droit de ne payer que des tributs volontaires et de ne jamais servir hors de leur patrie. Don Francisco Tamarit et Pablo Claris, chanoine de la cathédrale d'Urgel, portèrent leurs réclamations au pied du trône. Ces deux députés s'exprimèrent avec trop de liberté. On les arrêta. Aussitôt (1), les habitans de Barcelone prirent les armes, et excitèrent à la révolte ceux des autres villes de la principauté. On égorgea presque partout les garnisons castillanes; le marquis de Santa-Coloma, capitaine-général, qui cherchait à se dérober par une prompte fuite à la fureur populaire, fut tué au moment où il montait sur un navire qui l'attendait dans le port.

Les Catalans se proposaient d'adopter des institutions républicaines. La souveraineté aurait résidé dans l'assemblée des états; une commission élective, choisie dans son sein, et renouvellée à des intervalles déterminés, aurait veillé à l'exécution des lois et dirigé les mouvemens de la force publique. Ce projet fut abandonné. Les chefs de l'insurrection craignaient de ne pouvoir résister à la puissance du roi. Ils engagèrent la population à se soumettre à la France. La guerre prit alors un autre caractère et se prolongea avec des chances diverses. La

____

(1) 1640.

Catalogne ne retourna qu'au bout de douze ans
(1) sous l'obéissance de Philippe IV.

A l'avénement de Charles II, les Aragonais
conçurent l'espérance de recouvrer leurs priviléges. Ils sommèrent ce jeune monarque de
venir à Saragosse, pour prêter, entre les mains
du grand-justicier, qu'ils étaient dans l'intention d'élire, le serment prescrit par les anciens
statuts. On se contenta de leur répondre qu'on
traiterait comme rebelle et perturbateur de
l'état quiconque ferait des démarches tendant
au rétablissement de la magistrature abolie. Cette
menace suffit pour les contenir. Depuis, les états
cessèrent d'être convoqués, et les coutumes
dont l'observation dépendait en grande partie
de la régularité de leurs sessions, furent en peu
de temps oubliées.

(1) 1652.

CHAPITRE XXV.

De l'Espagne sous la maison de Bourbon.

1700. — 1807.

CHARLES II, quoique marié deux fois, n'avait point laissé d'enfans. Dans les dernières années de sa vie, l'Europe ne parut occupée que de la question de savoir à qui passerait sa couronne. Le dauphin, fils de Louis XIV, y avait un droit évident; mais on lui opposait la renonciation de sa mère, et l'empereur Léopold I.er nourrissait l'espérance de lui être substitué, en vertu de cet acte, comme petit-fils de Philippe III, par une tante de la feue reine de France, ou même de l'exclure, d'une manière absolue, en sa qualité de chef de la branche cadette d'Autriche.

La réunion de la monarchie espagnole à la France ou aux états héréditaires de la maison impériale, était également destructive du système d'équilibre introduit depuis la paix de Westphalie

Les puissances n'avaient garde de la favoriser. Guillaume III, roi d'Angleterre, proposa divers traités de partage de la succession de Charles II, entre le dauphin, l'archiduc Charles, second fils de Léopold, et Joseph-Ferdinand-Léopold, enfant de quatre ans, né du mariage de Maximilien-Emmanuel, électeur de Bavière, avec l'archiduchesse Marie-Antoinette-Joséphe, fille de l'empereur et de l'infante Marguerite-Thérèse, sœur de la femme de Louis XIV.

Charles II, indigné qu'on disposât ainsi de ses royaumes, confirma, dans une assemblée composée des membres de tous les conseils et des présidens des cours souveraines, un testament qu'il avait précédemment fait, avec moins de solennité, en faveur du prince bavarois. Cet enfant mourut. Charles était obligé de se choisir un nouvel héritier. Ses sujets ne pouvaient supporter l'idée de se voir un jour dans la dépendance d'une nation étrangère. Pour dissiper leurs craintes, il voulait appeler l'archiduc à lui succéder, au lieu de son père ou de Joseph, roi des Romains, son frère aîné. De cette manière, l'Espagne serait toujours restée séparée de l'empire. Le roi subordonnait l'exécution de ce projet à des conditions que Léopold ne s'empressa pas de remplir. Le cardinal Porto-Carréro, archevêque de Tolède, et don Manuel Arias, archevêque de Séville, président du conseil de Castille, l'un et l'autre dévoués à la France, profitèrent du mécontentement de Charles II, pour l'engager à donner la préférence à Philippe, duc d'Anjou, fils puîné du dauphin, choix, disaient-ils, qui offrait le double avantage de ne point intervertir l'ordre de successibilité, réglé par les lois, et de se trouver néanmoins conforme à l'esprit de la rénonciation de Marie-Thérèse, le prince qui en serait l'objet, ne pouvant réunir les deux sceptres dans sa main. Le malheureux monarque soumit cette proposition au conseil d'état, où siégeaient avec les deux prélats, le duc de Médina-Sidonia, les comtes de Monterey, de Frigiliana, de Montijo, de Fuensalida, de San-Estevan, les marquis de Mancéra, del Fresno, de Villa-Franca, et don Antonio Ubilla, secrétaire des dépêches universelles. Les manières nobles, séduisantes du marquis d'Harcourt, ambassadeur de Louis XIV, avaient fait disparaître l'antipathie que les Espagnols conservaient, depuis deux siècles, contre les français. La morgue des Allemands, venus à la cour, à la suite de plusieurs reines, concourait à les maintenir dans ces bienveillantes dispositions. Des douze conseillers, dont on prit l'avis, un seul, le comte de Frigiliana, soutint les intérêts de l'empereur; tous les autres se déclarèrent pour les droits de la maison de Bourbon. Des docteurs, des théologiens, des casuistes, consultés à leur tour, se rangè-

rent à cette opinion, à laquelle le pape Innocent XII joignit encore son suffrage. Alors (1),
Charles II signa son troisième testament ; un
mois après (2), il succomba à une maladie de
langueur qui le consumait depuis long-temps.

Les Espagnols avaient appréhendé le démembrement de la monarchie. Ils se livrèrent à des
transports de joie, quand ils virent qu'ils n'étaient
plus menacés de ce malheur. Le duc d'Anjou ,
proclamé roi , sous le nom de Philippe V, gagna
promptement leur affection. Tous les potentats,
l'empereur excepté , s'empressèrent de le reconnaître ; mais bientôt, la plupart d'entre eux
s'unirent à Léopold, pour placer l'archiduc sur
le trône d'Espagne. Cette guerre fut longue et
présenta une continuelle alternative de bons et
de mauvais succès. En deux reprises différentes,
les affaires de Philippe V parurent totalement
désespérées. Sa constance et l'amour des Castillans rétablirent sa fortune. Les alliés ne voyaient en lui qu'un instrument de l'ambition de
Louis XIV; ils n'appuyaient son rival que pour
empêcher ce monarque de régner sur la péninsule. Un danger plus réel les força de changer
de plan. L'archiduc parvint à l'empire, vacant
par le décès de Joseph I.er, qui avait succédé
à son père. Les puissances belligérantes ne

(1) 2 Octobre 1700.
(2) 1.er Novembre 1700.

pouvaient plus l'aider à conquérir l'Espagne.
Il serait devenu trop redoutable à l'Europe. Cette
circonstance facilita la paix, qui fut conclue à
Utrecht (1) sans la participation du nouvel
empereur.

Anne, reine d'Angleterre, l'ame de la coalition, avait demandé, comme condition préli-
minaire, que Philippe V renonçat à la couronne
de France, en cas d'extinction de la postérité
du duc de Bourgogne, son frère aîné, mort
l'année précédente; ou bien qu'il cédat l'Espagne
et les Indes au duc de Savoie, arrière petit-
fils d'une fille de Philippe II, dont il obtiendrait
en échange, les domaines, avec Naples et la
Sicile, pour en demeurer possesseur, à la réserve toutefois de la Sicile, lors même qu'il
hériterait des états de la maison de Bourbon.

Trois ans avant l'ouverture du congrès d'U-
trecht, Philippe avait convoqué les cortès dans
le palais de Buen-Retiro, à Madrid (2), pour leur
faire prêter serment de fidélité à l'infant don
Louis, son fils aîné, déclaré prince des Asturies.
Leur dernière session remontait à quarante-neuf
ans; c'était la plus longue intermittence qu'on eut
jamais vue. Ce prince les réunit de nouveau (3),
dans le même lieu, à l'effet de leur soumettre

(1) 13 Juillet 1713.
(2) 1er Avril 1709.
(3) 5 novembre 1712.

l'acte de renonciation exigé de lui par la reine d'Angleterre. Cette assemblée fut plus solennelle et plus nombreuse que toutes celles qui avaient précédé , depuis les changemens opérés par la politique de Charles-Quint, et représenta mieux la nation espagnole. Outre les députés des cités de Castille, on y appela les membres des quatre sections des états d'Aragon, tous les grands du royaume , les conseillers d'état, les princi-paux officiers de la cour, les présidens des divers conseils , ceux des tribunaux souverains. On y admit aussi, comme simple spectateur, le comte de Lexington, envoyé extraordinaire de la reine Anne. Le roi occupait un siége élevé; à sa droite était la reine Louise - Gabrielle de Savoie, son épouse ; à sa gauche, le prince des Asturies. Il ouvrit la séance par un discours prononcé avec beaucoup de dignité, mais non moins d'émotion. Il dit que son auguste aïeul n'écoutant que sa tendresse, l'avait vivement pressé de choisir entre les deux partis que lui proposaient les plénipotentiaires anglais, celui qui tendait à le rapprocher de la France et à lui laisser l'espoir d'y rentrer un jour; mais que ni ses instances, ni la perspective de sa succession, ni même le souvenir de sa patrie, qui lui était cependant toujours cher, n'avaient pu balancer dans son cœur la reconnaissance que lui inspirait le généreux dévouement des

Espagnols; qu'il ne consentirait jamais à se séparer d'eux; et qu'afin de leur donner une preuve non équivoque de ses sentimens, il venait annoncer à leurs délégués, qu'il était résolu d'abandonner au duc de Berry, son frère, ou à ses héritiers, tant en son nom qu'en celui de ses descendans, tous les avantages de sa naissance, en ce qui touchait la monarchie française. Dès qu'il eut cessé de parler, don Melchior Macanas, fiscal ou procureur-général du conseil de Castille, lut la déclaration qu'il avait fait rédiger, en ce sens, par le marquis de Méjorada, successeur d'Antonio Ubilla, dans les fonctions de secrétaire des dépêches universelles. Philippe en confirma le contenu de vive voix. Le chef de la députation de Burgos, don Juan de Atiença, lui adressa des remercîmens, et l'assemblée ratifia, à l'unanimité, la renonciation qui devait garantir à l'Espagne le repos dont elle comptait jouir sous le gouvernement du roi de son choix.

L'Espagne perdit, à la paix d'Utrecht, les royaumes de Naples et de Sicile, la Sardaigne, le Milanais, Orbitello, avec quelques autres places sur la côte de Toscane, les Pays-Bas catholiques, l'Ile de Minorque et Gibraltar. Philippe V se consola de tant de sacrifices, par l'espoir de rendre ses peuples heureux. Pour prévenir des commotions funestes et perpétuer en même-temps la puissance souveraine dans sa famille, il forma le projet d'apporter des modifications à la coutûme suivie pour la succession au trône. Les filles, dans la ligne directe, précédaient les mâles appartenant aux lignes collatérales. Les cortès, dont la réunion eut lieu à Madrid, après la publication du traité qui fixait l'état de l'Europe, réglèrent (1) que les princes des branches masculines excluraient désormais les femmes, quel que fut leur éloignement de la tige commune. Les Espagnols applaudirent à cette loi, qui les délivrait du danger de passer sous une domination étrangère.

Les Catalans s'étaient fortement prononcés pour l'archiduc. Ils persistèrent dans la révolte, malgré la retraite des troupes des alliés ; mais ils furent soumis par la force (2) et dépouillés de leurs privilèges.

A l'âge de quarante ans, Philippe V, dégoûté du pouvoir suprême, s'en démit (3) en faveur de Louis I.er, son fils. Ce jeune roi ne porta la couronne que sept mois et demi. Philippe refusait de la reprendre, par le motif qu'il y avait pour toujours renoncé. Les cortès, assemblées au Buen-Retiro (4), déclarèrent, en se

(1) Octobre 1713.
(2) Septembre 1714.
(3) 10 Janvier 1724.
(4) 6 Septembre 1724.

basant sur l'opinion de plusieurs célèbres théologiens, que son abdication était nulle, attendu qu'elle n'avait pas reçu la sanction des représentans des cités, seuls compétens pour autoriser le souverain à rompre le contrat synallagmatique existant entre son peuple et lui. Le père Bermudez, jésuite, confesseur du roi, acheva de lever ses scrupules. Philippe V consentit à se charger de nouveau du fardeau de la royauté, après avoir désigné et fait reconnaître pour son successeur l'infant don Ferdinand, son second fils, encore mineur.

Ce prince essaya de rendre à l'Espagne une partie de son ancienne splendeur; il eut le bonheur de réussir. L'abus des mesures fiscales avait ruiné les manufactures. La plus haute valeur de leurs produits ne pouvait atteindre la quotité des droits de licence, qu'il fallait acquitter, pour fabriquer, déplacer ou vendre. Des réglemens, combinés dans l'intérêt du trésor et de la classe industrielle, firent disparaître ces entraves et donnèrent un nouvel essor aux arts méchaniques. Alors, on prépara les riches soies de Valence, de Grenade et de Murcie; on travailla les belles laines de la Vieille-Castille et de l'Andalousie, dans de nombreux ateliers, qui fournirent des draps fins, des couvertures, des flanelles d'une excellente qualité. Les lois somptuaires, publiées sous Philippe IV, furent abrogées: on rechercha les étoffes d'or et d'argent.

Des fabriques de coton s'établirent en Catalogne. On étendit la culture du chanvre et du lin, et presque dans toutes les villes considérables, il se forma des manufactures de toile. Le royaume cessa, dès ce moment, d'être tributaire de l'étranger.

Tous les ressorts de l'administration s'étaient relachés sous les trois derniers rois de la dynastie autrichienne. Malgré les décrets qui avaient prescrit aux juges de ne pas faire attendre leurs décisions, on ne parvenait que difficilement à les obtenir. Les procès trainaient toujours en longueur. Une ordonnance royale enjoignit à tous les tribunaux d'envoyer, chaque mois, au secrétaire d'état, ministre de grâce et de justice, un état détaillé des causes jugées et de celles qui restaient pendantes, afin qu'on put savoir s'ils les instruisaient promptement.

Philippe V encouragea le talent, protégea efficacement les sciences. Il réorganisa et disciplina l'armée. Il ranima l'ardeur guerrière des Espagnols, réveilla dans leur cœur l'esprit de patriotisme, l'amour de la gloire, le désir du bien public, véritables principes de la grandeur des nations.

A son exemple, Ferdinand VI favorisa les progrès du commerce et de l'industrie. Ses regards bienveillans excitèrent l'émulation des fabricans et des ouvriers en tout genre. Par ses soins l'Espagne vit abonder dans son sein les matières premières et les productions dont elle avait si long-temps manqué.

Les finances attirèrent particulièrement son attention. La prodigalité de son père avait accru la dette publique de quarante-cinq millions de piastres. Ferdinand se proposa de remédier à ce mal et de diminuer les impôts. Rien ne paraissait moins aisé que l'exécution simultanée de ces deux projets, qui se détruisaient l'un par l'autre. Le sage monarque trouva le moyen de les concilier. Ce fut en retranchant toutes les dépenses superflues, en bornant celles de sa maison au simple nécessaire, en supprimant les pensions, accordées sous le dernier règne, avec trop de facilité. Après ce travail, il céda, sans crainte, au désir de soulager ses sujets. Une junte ou commission, à la tête de laquelle était don Joseph de Carvajal y Lancastre, chef du conseil, s'occupa, sous sa direction, du choix des réductions à opérer dans le recouvrement des deniers royaux. Elle émit l'avis d'affaiblir le tarif des droits de douane, de ceux d'accise ou d'entrée sur les boissons et de quelques autres également onéreux au peuple. De là résulta l'adoption d'un nouveau système de perception des revenus du fisc, divisés en rentes ou recettes générales et en rentes ou recettes provinciales (1).

(1) Voir la note n.º 7.

Ces améliorations avaient été préparées, comme on le voit, sans le concours des cortès. Ferdinand VI, dominé par l'habitude, avait cru pouvoir se dispenser de les consulter. Charles III, son frère, qui, du trône des Deux-Siciles, passa sur celui d'Espagne, imita sa conduite à cet égard; mais il s'appliqua, durant son long règne, à faire revivre, autant qu'il dépendit de lui, l'esprit des anciennes institutions. Il se montra constamment scrupuleux observateur des lois, afin de les rendre plus respectables, et ne mit jamais à leur place sa propre volonté. Les Espagnols jouirent, sous son sceptre, de toute la liberté désirable dans l'état de société. La législation avait cessé d'être en rapport avec leurs mœurs; des réformes étaient devenues indispensables dans plusieurs de ses parties. Charles III le sentait. Il accueillit la proposition que lui soumit le comte de Campomanés, président du conseil de Castille, de faire rédiger un nouveau code. De célèbres jurisconsultes furent chargés de réaliser cet utile projet; mais la mort du roi (1) arrêta leurs travaux.

Peu de princes ont mieux connu que Charles III l'art difficile de commander aux hommes, de conduire un empire. Sa mémoire vit encore aujourd'hui dans le cœur des Espagnols.

____

(1) 14 Décembre 1788.

Charles IV, son fils, n'eut point son génie. Sous lui, l'Espagne retomba dans le même état de faiblesse et d'humiliation où elle se trouvait à l'avénement de Philippe V.

C'est ici l'époque de la dernière convocation des cortès ordinaires, après une interruption de soixante-cinq ans. Charles IV, marié, dans sa jeunesse, à l'infante Marie-Louise, fille de don Philippe, duc de Parme, son oncle, avait perdu plusieurs enfans mâles. Il ne lui en restait plus que deux lorsqu'il parvint à la couronne : Ferdinand, prince des Asturies, et l'infant don Carlos-Marie-Isidore ; le premier âgé de quatre ans, l'autre seulement de huit mois. Leur frêle constitution lui laissait peu d'espoir de les conserver. Il voyait, avec un regret infini, que sa succession pouvait passer, soit à Ferdinand, son frère, devenu roi de Naples, à la mort de Ferdinand VI, soit à l'infant don Pédro, fils de l'infant don Gabriel, son second frère, dont le décès n'avait précédé que de peu de jours celui de leur père. Il avait à cœur de la transmettre à l'infante Charlotte-Joachime, sa fille aînée, unie à Jean, prince du Brésil, fils de la reine de Portugal. Dans ce dessein, il assembla dans son palais à Madrid (1), en présence d'un certain nombre de grands, les

____
(1) 1789.

procureurs des villes de Castille et les députés des états d'Aragon. Il leur proposa d'annuler les dispositions législatives adoptées, sous son aïeul, par imitation de la loi salique, en faveur de la postérité masculine de ce monarque, et de restituer aux filles du roi régnant les droits dont les avait privées cette innovation. De respectueuses observations lui furent présentées, dans l'intérêt de l'état, par quelques-uns des délibérans ; mais la majorité émit un vœu conforme à ses intentions. Toutefois, il ajourna la promulgation du décret. En attendant, la santé de ses deux fils se fortifia; il lui en naquit ensuite un troisième, (1) l'infant don Francisco de Paula ; ses collatéraux se trouvèrent ainsi moins rapprochés du trône, et l'acte émané des cortès, ne paraissant plus devoir être d'une très-grande utilité, demeura comme non avenu dans les archives royales.

(1) 10 Mars 1794,

CHAPITRE XXVI.

Des cortès générales ou extraordinaires , formées pendant la captivité de Ferdinand VII.

1808. — 1813.

LE gouvernement de l'Espagne avait entièrement changé de forme. Depuis l'avénement de la maison de Bourbon , c'était une monarchie pure, tempérée cependant par l'influence du clergé et par un reste d'ascendant que conservait la haute noblesse. L'autorité royale s'exerçait par les différens conseils, responsables de toutes les mesures prises contre les dispositions de la loi; ensorte que leur existence garantissait suffisamment l'intégrité de l'administration publique.

Les ministres ou secrétaires d'état aidaient le roi dans le détail des affaires et surveillaient les opérations des conseils dans l'étendue de leurs attributions administratives. Ils demeuraient étrangers aux actes relatifs aux matières contentieuses, dont la plupart de ces corps prenaient également connaissance comme tribunaux de justice.

Charles IV avait premièrement accordé sa confiance au comte de Florida-Blanca, long-temps honoré de celle de son père. C'était un politique consommé; il pouvait servir utilement l'état. La reine le fit renvoyer. Le comte d'Aranda, autre ministre de Charles III, le remplaça et éprouva bientôt le même sort. Ce dernier eut pour successeur don Manuel Godoy, simple garde du corps, créé duc d'Alcudia, connu plus tard sous le nom de prince de la Paix. L'élévation de ce favori déplut aux grands; son inexpérience, sa présomption précipitèrent l'Espagne vers sa ruine. Il jouissait, depuis quinze ans, d'un pouvoir sans limites, lorsque la haine que lui portait le prince des Asturies, fit éclater au sein de la cour de funestes divisions. On crut devoir user de sévérité envers l'héritier du trône. L'empereur des Français, Napoléon Bonaparte, que la victoire avait rendu l'arbitre de l'Europe, sembla vouloir prendre sa défense. Son véritable dessein était de profiter des discordes de la famille royale. Le roi et la reine, alarmés de ses démarches, résolurent d'aller chercher une retraite dans le Mexique. Le peuple les retint dans le château d'Aranjuez. Charles IV ne savait comment appaiser cette sédition; il abdiqua la royauté en faveur de son fils (1).

(1) 19 Mars 1808.

Cependant, Napoléon, sous prétexte d'empêcher les Anglais d'envahir la péninsule , y faisait passer d'innombrables troupes. Elles en occupaient déjà les principales villes. Leur présence ne troublait pas encore la sécurité des Espagnols, persuadés que Ferdinand VII, à l'aide de son puissant protecteur, releverait la monarchie. Mais l'empereur des Français, loin de songer à affermir la couronne sur la tête de ce nouveau souverain, était dans l'intention de la lui ôter, pour la donner à Joseph Bonaparte , son frère , qui, deux ans auparavant, avait reçu celle de Naples. Afin d'atteindre ce but, il eut recours à la ruse. Charles IV et son fils, trop aveugles, l'un et l'autre, pour appercevoir le fil de ses intrigues , consentirent à se rendre auprès de lui à Bayonne, où il arracha à leur faiblesse une double abdication et l'entier abandon de leur droits. Ces deux rois et tous les autres membres de la maison royale, à l'exception du cardinal Louis de Bourbon, archevêque de Tolède, fils de l'infant don Louis, frère de Charles III, resté dans son diocèse, se trouvèrent à-la-fois prisonniers de leur redoutable ennemi.

A cette nouvelle, le peuple se souleva dans un très-grand nombre de localités. Une junte, composée de trente-six personnes, se constitua à Séville (1), pour exercer l'autorité souveraine,

(1) 27 Mai 1808.

au nom du roi captif. Elle se plaça d'abord sous la présidence du comte de Florida-Blanca, qui céda, dans la suite, sa dignité à don Francisco de Saavédra, archevêque de Laodicée. Ferdinand VII lui envoya secrètement des pouvoirs illimités (1). De semblables comités se formèrent dans toutes les provinces; il y en eut dans chaque ville, dans le moindre village. Des rapports s'établirent entre eux, sous la direction du conseil central. Ainsi, l'ancien gouvernement de l'Espagne fut soudainement transformé en une espèce de régime fédéral. L'amour du roi et de la patrie, l'horreur du joug étranger avaient amené ce changement.

La voix du peuple appelait à la composition des juntes dans les provinces, les hommes les plus distingués par leurs talens et leur patriotisme. Avant d'entrer en fonctions, ils juraient obéissance aux lois, fidélité au roi Ferdinand VII. Il y avait partout unité de vœux, conformité de sentimens. Eviter une honteuse servitude, chasser l'usurpateur : tel était le cri de toute l'Espagne. On eut bientôt organisé des armées; chaque citoyen briguait l'honneur de devenir soldat. On attaqua les Français de tous côtés; on essaya d'arrêter leurs progrès, de les pousser hors du territoire espagnol. Les premières tentatives ne furent pas heureuses. Le général

(1) Voir la note n.º 8.

Blake et don Grégorio Cuesta, qui commandaient les milices des Asturies, de la Galice et du royaume de Léon, reçurent un notable échec à Cabezon, bourg de la Vieille-Castille; un autre, peu de jours après (1), à Médina del Rio-Seco, ville considérable, près du Sequillo, petite rivière, qui coule au couchant de la Pisuerga. Mais don Francisco-Xavier de Castanos, sous qui marchaient les levées de Grenade et de l'Andalousie, vengea les armes Castillanes dans les champs de Baylen (2), où trois divisions réunies sous les ordres du général Dupont, et formant un effectif de dix-sept mille hommes, se rendirent par capitulation.

Le roi Joseph venait d'entrer dans Madrid; il s'en éloigna aussitôt. La junte centrale s'établit dans le palais d'Aranjuez (3), malgré l'opposition du conseil de Castille, qui, après s'être couvert d'opprobre, en sanctionnant les actes de l'usurpation, prétendait gouverner le royaume, à l'exclusion de tout autre corps.

Napoléon passa en Espagne, et contraignit la capitale à lui ouvrir ses portes (4). La junte suprême alla tenir une seconde fois ses séances dans l'Alcazar ou château royal de Séville. On

(1) 14 Juillet 1808.
(2) 15, 20 Juillet 1808.
(3) 3 Septembre 1808.
(4) Décembre 1808.

applaudissait à toutes ses mesures. Elle se persuada cependant qu'elle parviendrait à donner plus de force et d'ensemble à l'action administrative, si elle s'entourait des représentans de la nation. Elle consulta là-dessus les juntes provinciales, les tribunaux supérieurs, les universités, les prélats, les chapitres des cathédrales, les conseils municipaux des villes, les différentes corporations. Les réponses furent unanimes. On regardait partout le salut de l'état comme dépendant de la prompte convocation des cortès ; mais on désirait que leur organisation subit les modifications que réclamaient les circonstances. Il fallait donc s'écarter des usages anciens, admettre des réformes dont l'adoption entraînerait peut-être de graves inconvéniens. On ne pouvait se dissimuler qu'avec la nécessité d'innover, se présentait le danger de voir dégénérer en une pure démocratie le gouvernement déjà si peu régulier de la péninsule. Ces considérations retardèrent d'abord l'accomplissement des projets de la junte centrale. Les événemens de la guerre y mirent d'autres obstacles. Ce ne fut qu'après la malheureuse bataille d'Ocana (1), lorsque tout paraissait désespéré, que la junte, chassée de Séville, retirée dans l'île de Léon, rendit le décret (2), qui autorisait

(1) 18 Novembre 1809.
(2) 1.ᵉʳ Janvier 1810.

la tenue des assemblées particulières où l'on devait procéder à l'élection des députés aux cortès. Bientôt (1), elle résigna ses fonctions à une régence, qui ne comptait que cinq membres, entre lesquels le cardinal de Bourbon obtint le premier rang.

C'est sous les auspices de ce nouveau pouvoir administratif, que les cortès ouvrirent leur session (2), dans la ville où il siégeait, presque en présence des armées françaises. Elles reçurent le nom de cortès générales ou extraordinaires, parce que leur composition différait de celle des réunions de même nature qui avaient eu lieu jusqu'alors. On y appela : 1.º les délégués des provinces, nommés par l'universalité des citoyens, sans distinction de couronne de Castille ou d'Aragon ; 2.º ceux des juntes provinciales; 3.º ceux des cités qui jouissaient du droit de vote; 4.º des suppléans, désignés d'office, pour les contrées envahies par l'ennemi ; 5.º enfin, des représentans des colonies, dont on avait attribué le choix aux *ayuntamientos* ou conseils des villes d'une certaine importance, sauf ratification ultérieure.

Ce système de représentation semblait répondre aux besoins du moment. On ne s'était arrêté ni à l'idée de convoquer individuellement

(1) 30 Janvier 1810.
(2) 24 Septembre 1810.

les évêques et les grands, suivant l'antique coutume, ni à celle d'accorder une préférence exclusive à la bourgeo isie, d'après la célébre ordonnance de Charles -Quint. On avait statué que les individus de toutes les classes seraient également éligibles, à la réserve de ceux qui vivaient sous la règle mo nastique, lesquels étaient censés avoir renoncé à la jouissance de leurs droits civils.

L'intention la plus louable dirigea le suffrage des électeurs. L'élite de la nation se trouva réunie dans l'assemblée. On y voyait un très-grand nombre d'ecc lésiastiques, recommandables par leurs lumières et leurs vertus ; des nobles, plus jaloux du bien public que de leurs privilèges ; d'honorables magistrats, d'habiles jurisconsultes, d'honnêtes négocians, d'estimables cultivateurs. Un même esprit animait tous ces députés ; ils voulaient délivrer leur patrie de l'oppr ession sous laquelle elle gémissait, puis, lui donner des lois capables d'assurer sa prospérité.

Quand ils furent à l'œuvre, emportés par un zèle inconsidéré, ils allèrent beaucoup plus loin qu'ils n'avaient d'abord projeté. Le jour même de leur installation, ils déclarèrent, par un décrêt solennel, que la souveraineté nationale résidait dans le sein de l'assemblée. Ils s'attribuèrent en conséquence la puissance législative, dans toute son étendue ; ils ne laissèrent à la régence, représentant le roi , d'autre faculté que celle de faire exécuter leurs actes. Leur but était de ruiner les prétentions de Bonaparte, uniquement fondées sur les renonciations de Ferdinand VII et de son père ; mais ils perdaient de vue que les anciennes cortès, dont ils occupaient la place, n'avaient jamais rien entrepris, en matière de législation, que de concert avec le prince, et ne comprenaient pas mieux que leur résolution tendait évidemment à détruire toute l'économie du gouvernement monarchique.

Les cortès cherchèrent à balancer les deux premiers pouvoirs par l'influence d'un troisième , formé de l'ordre judiciaire. Elles proclamèrent ensuite la liberté de la presse. Une longue discussion s'établit à ce sujet. L'assemblée , dans laquelle avait régné jusqu'alors une parfaite concorde, se divisa tout-à-coup en trois partis. Le premier défendait les principes substantiels de la monarchie et repoussait toute idée nouvelle ; le second professait les opinions les plus libérales et brûlait de s'engager dans la voie des innovations ; le dernier, presque entièrement composé de Colons , tenait le milieu entre ces deux extrêmes, et demandait particulièrement l'amélioration du régime administratif de l'Amérique. Des hommes éloquens se rencontrèrent dans chacune de ces fractions. Celle qui demeurait fidèle aux traditions du passé, qui, par ce motif, prit la dénomination de royaliste, mais que ses rivales désignaient sous celle de servile, avait pour orateurs don Antonio Ynguanzo, Lopez Canedo, Perez Valiente, Guttierez de la Huerta; parmi les libéraux, c'étaient le comte de Toréno, don Agustin Arguëlles, Munos Torréro, Calatrava, Garcia Herréros, Antillon, Villanuéva; du côté des Américains, Fernandez de Leyva, Mexia, Arispe, Téran. Les uns et les autres prononcèrent, dans la plûpart des séances, des discours d'autant plus admirables qu'ils eurent toujours le mérite de l'improvisation.

Aux termes de l'ordonnance de convocation, les cortès devaient donner une constitution au royaume. Une commission de quinze membres (1) avait été chargée, dès l'origine, du soin de la rédiger. Elle ne la présenta qu'au bout d'un an. Ce code, attendu avec une vive impatience, accueilli par la majorité du congrès national, fut promulgué sous le canon de l'ennemi (2). Ses premiers articles portaient que la religion catholique serait, comme précédemment, la seule soufferte en Espagne, et qu'on n'y reconnaîtrait jamais d'autre roi que Ferdinand VII. Cette double déclaration, conforme aux sentimens des Espagnols, très-attachés à leur croyance et à leur légitime souverain, excita une joie

(1) Voir la note n.° 9.
(2) 17 Mars 1812.

universelle. Venaient ensuite des dispositions relatives à la réunion périodique des cortès ordinaires, au mode d'élection des députés. Ceux des cortès extraordinaires ne pouvaient être réélus. Le nouveau corps législatif était appelé à jouir des mêmes prérogatives que celui auquel il succédait. Il devait conserver l'initiative des lois, voter l'impôt, ordonner les levées d'hommes, régler les mouvemens de l'armée. On lui laissait la faculté de créer une junte de gouvernement dans le cas de minorité ou même sous un prince qu'il jugerait incapable.

On fixait dans d'autres articles les attributions du pouvoir exécutif, dont on confiait l'exercice à la régence, jusqu'au retour de Ferdinand VII. Une des plus importantes était la sanction de la loi. Elle pouvait être refusée deux fois, dans deux sessions différentes ; une troisième présentation la rendait obligée. On accordait au roi le droit de faire grâce, en indiquant toutefois les circonstances dans lesquelles il lui serait libre d'en user. Il était autorisé à déclarer la guerre, à conclure les traités de paix et d'alliance défensive ; mais il devait soumettre ceux d'alliance offensive à la ratification des cortès. On lui abandonnait la nomination aux dignités ecclésiastiques, aux charges de judicature, aux emplois civils, à la condition cependant de n'y élever que des sujets proposés par le conseil d'état, composé de membres eux-mêmes choisis sur une triple liste de candidats, dont la rédaction appartiendrait aux législateurs.

Le roi ne pouvait sortir du royaume ni se marier, sans le consentement de ces derniers. L'omission de cette formalité, surtout s'il s'agissait de son mariage, suffisait pour le faire considérer comme ayant abdiqué la couronne.

On déterminait la manière dont devait être entendue la responsabilité des ministres, sur lesquels les cortès exerceraient une action directe, ainsi que sur tous les fonctionnaires publics.

La dernière partie de l'acte constitutionnel garantissait la liberté individuelle et l'égalité devant la loi. Elle confirmait l'indépendance des tribunaux, introduisait la publicité des jugemens, facilitait la défense des accusés. Elle consacrait l'institution du jury, pour les causes criminelles, mais l'ajournait à des temps plus favorables. La libre publication de la pensée devenait définitivement un droit acquis à tout citoyen. L'administration des provinces et des communes était abandonnée à des magistrats spéciaux, au choix du peuple, fréquemment renouvellés, et se dirigeant d'après les usages des localités, sans nulle intervention de la part du gouvernement, du moins dans les matières qui ne se rattachaient pas aux intérêts généraux du pays.

La nation espagnole, qui n'avait d'autre désir

que celui de se soustraire à la domination française, et qui voyait les cortès partager sur ce point son ardeur, accepta leur travail avec une sorte de jubilation, sans en examiner les détails. Les habitans des colonies s'empressèrent, de leur côté, de donner les mêmes marques d'adhésion. La constitution obtint encore d'illustres suffrages au dehors. L'infante Charlotte-Joachime, princesse du Brésil, écrivit à son sujet, une lettre très-flatteuse aux membres de la régence (1). L'empereur de Russie (2), le roi de Suède (3), le roi de Prusse (4), la citèrent en termes honorables dans des traités faits avec l'Espagne. On ne la considérait que sous le rapport des avantages que les Espagnols pouvaient en retirer dans les circonstances critiques où ils étaient placés.

Après la publication de cet acte, les cortès abolirent l'inquisition. Déjà, Napoléon avait pris une semblable mesure à l'égard de ce tribunal, pendant que son armée campait sur les hauteurs de Chamartin (5), village à une petite lieue de Madrid, duquel il avait lancé aussi d'autres décrêts portant suppression du conseil de Castille, des deux tiers des couvents, des droits

(1) Voir la note n.° 19.
(2) Traité de Véliki-Louki, du 20 Juillet 1812.
(3) Traité de Stokolm, du 19 Mars 1813.
(4) Traité de Bâle, du 20 Janvier 1814.
(5) Décembre 1809.

féodaux, des justices seigneuriales, des régies des impositions. Une partie des députés combattit vainement un projet de loi qui renfermait l'approbation implicite des entreprises de l'empereur des Français. La majorité se prononça contre eux ; mais du reste, on n'agitait plus qu'une question de droit. Le saint-office, dont les rois de la maison de Bourbon s'étaient appliqués à limiter le pouvoir, avait cessé d'exister de fait depuis les événemens d'Aranjuez.

Les réformes politiques ne se bornèrent pas à ce seul objet. Comme si on s'était proposé Bonaparte pour modèle, on anéantit les privilèges de la noblesse, on dispensa les débiteurs de cens honorifiques de l'obligation de les acquitter. On suspendit la collation des canonicats, des prébendes et autres bénéfices simples. On chercha à réduire le nombre des moines, soit en facilitant leur sécularisation, soit en mettant des entraves à l'admission des novices dans les monastères.

Les cortès extraordinaires s'occupèrent enfin d'un plan de finance, dans la double intention d'assurer le paiement des dépenses de l'état et d'éteindre sa dette. De grandes difficultés s'opposaient à la réalisation de leurs vœux. La mauvaise administration du prince de la Paix avait tari les sources de la prospérité publique ; la guerre était venue accroître les maux de l'Espagne, et les Français avaient bouleversé son régime financier, en s'efforçant de lui substituer le système suivi chez eux. Au milieu de cette confusion, la rentrée des anciens impôts ne s'opérait plus ; nulle perception régulière ne la remplaçait ; les préposés du fisc recevaient les dons volontaires des citoyens dans les lieux où ils en avaient la liberté ; ailleurs, les généraux ennemis exigeaient arbitrairement des sommes d'argent qu'ils n'obtenaient jamais qu'à l'aide d'exécutions militaires. Les cortès décrétèrent l'établissement de la contribution directe, portant sur la propriété. Ce genre de recouvrement, onéreux aux contribuables, à cause de l'élévation du contingent, le leur devint encore davantage par l'inégalité de la répartition, défaut qu'il fut impossible d'éviter, parce qu'on manquait de bases pour fixer les cotes d'une manière moins imparfaite. Toutefois, les Espagnols supportèrent avec résignation cette nouvelle charge : le désir de chasser l'étranger les rendait capables de tous les efforts.

Au moyen du produit de cette imposition, dont la levée s'étendait à mesure que les Français perdaient du terrain, la régence pourvut à l'entretien de plusieurs armées. C'est tout ce qu'elle pouvait faire. Il était indispensable de créer d'autres ressources pour parvenir à l'extinction de la dette. Un comité, dit du crédit public, formé dans le sein des cortès, proposa d'y affecter une portion des biens du clergé, en l'aliénant au profit du trésor. De vifs débats suivirent la lecture de son rapport. La plûpart des ecclésiastiques qui siégeaient dans l'assemblée, s'attachèrent à démontrer l'injustice, l'inutilité même de la spoliation projetée, dont on n'obtiendrait, dirent-ils, d'autre résultat que celui d'échanger contre le prix des ventes, qui ne serait jamais très-élevé, des subventions annuelles, représentant un capital dix fois plus fort. Une foule d'orateurs, entre lesquels on remarquait des prêtres qui avaient embrassé les doctrines libérales (1), parlèrent en sens contraire, et leur opinion prévalut.

C'est par cette résolution, qui froissait tant d'intérêts, que les cortès extraordinaires, réunies depuis trois ans, terminèrent leurs travaux (2). En se séparant, elles invitèrent les cortès ordinaires à venir prendre leur place, conformément à ce que prescrivait la constitution.

(1) Voir la note n.° 11.
(2) 14 Septembre 1813.

CHAPITRE XXVII.

Des cortès, dites ordinaires, organisées en vertu de la constitution. Retour de Ferdinand VII en Espagne.

1813. — 1814.

QUINZE jours après la dissolution des cortès générales, la nouvelle assemblée législative commença ses opérations. Elle s'installa d'abord à Cadix (1). Les ravages que la fièvre jaune exerça bientôt dans cette ville, l'obligèrent de passer dans l'île de Léon, d'où elle se transporta ensuite à Madrid (2). Les Français s'étaient vus de nouveau réduits à la nécessité de sortir de cette capitale. Ils avaient auparavant évacué les provinces méridionales de la péninsule, et, depuis, la perte de la bataille de Vittoria leur avait encore ôté l'espérance de se maintenir dans les contrées situées à la gauche de l'Ebre. Ils ne songeaient plus qu'à regagner les Pyrénées.

(1) 1.ᵉʳ Octobre 1813.
(2) 1.ᵉʳ Janvier 1814.

Les cortès étaient formées d'élémens à peu-près semblables à ceux de la précédente législature. Les libéraux s'y trouvaient cependant en moindre nombre que les royalistes. Leur union avec les Américains ne put même faire pencher la balance de leur côté. Mais ces deux fractions, divisées sur bien des points, marchaient de concert vers le but que s'étaient proposé les cortès extraordinaires, l'affranchissement du pays et l'affermissement de ses institutions. La régence secondait de son mieux ces efforts. On fit quelques lois de détail d'une réelle utilité ; on prit des mesures propres à consolider les succès remportés sur les troupes françaises.

Les bandes espagnoles et les corps anglais et portugais, qui avaient combattu, sous la même bannière, à Vittoria, pénétrèrent ensemble en Gascogne, et recommencèrent une lutte acharnée contre les débris de l'armée vaincue, récemment placés sous le commandement du maréchal duc de Dalmatie. Alors, Napoléon, à qui toutes les puissances de l'Europe venaient de déclarer la guerre, brisait les fers de Ferdinand VII et consentait à son retour en Espagne (1). Il avait exigé de ce prince la promesse d'expulser les Anglais de ses états et de rétablir les partisans du roi Joseph dans la possession de leurs biens, honneurs, emplois et dignités. Le traité dans

(1) Traité de Valençay, du 8 décembre 1813.

lequel étaient insérées ces conditions, devait être soumis à l'approbation préalable du conseil de régence. Le duc de San-Carlos l'apporta à cet effet à Madrid. On accueillit mal cet envoyé. C'eut été peu connaître l'esprit des Espagnols que de supposer qu'ils pouvaient se déterminer à transiger avec Bonaparte. Les cortès, interprêtes de leurs sentimens, s'opposèrent à la ratification demandée; mais au lieu de s'en tenir là, elles arrêtèrent, sur la proposition de quelques orateurs du parti libéral, dont l'éloquence hardie entraîna tous les suffrages (1), que si le roi recouvrait sa liberté, il ne devrait rentrer en Espagne qu'avec les membres de sa famille et leur suite, sans aucun mélange d'étrangers; que dès le moment qu'on serait averti de sa présence sur la frontière, le cardinal président de la régence irait à sa rencontre; que sa majesté prendrait la route directe de Madrid, sans exercer son autorité, jusqu'à ce qu'il eut juré, dans le sein du congrès, d'observer la constitution.

Cependant, Ferdinand VII, parti du château de Valençay, qui lui avait servi de prison, arriva à Girone (2), aux acclamations de la multitude qui se précipitait sur son passage. Il avait été reçu à la Junquière, par don Francisco Copons, général en chef de l'armée de Catalogne,

(1) Décrêt du 2 Février 1814.
(2) 24 Mars 1814.

chargé de lui offrir une escorte d'honneur.
Pour répondre aux vœux des Aragonais, il se
rendit à Saragosse (1); de là, il se dirigea sur
Valence (2). Le plus vif enthousiasme se ma-
nifesta dans ces deux grandes cités; il se communiqua bientôt dans toute l'Espagne. De nombreuses députations des différentes provinces
vinrent conjurer le roi de remonter au trône
de ses pères avec toute la plénitude de la puissance souveraine. A ces pressantes sollicitations,
se joignirent les instances des militaires. Le
général don Francisco-Xavier Elio, commandant
de la deuxième division de l'Est, renouvella,
à la tête de son état-major, le serment de fidélité
fait au monarque, dès les premiers jours de sa
captivité, et déclara qu'il était prêt à verser son
sang pour maintenir l'intégrité de ses droits. Le
duc de San-Lorenzo, chef de la troisième division;
don Henri O'Donel, général de l'armée de réserve, et le brigadier don Alexandre Ora, député de celle d'Andalousie, imitèrent son exemple.
Le peuple applaudit à ces actes de dévouement.

Dans ces conjonctures, le président de la régence se présenta, accompagné du secrétaire
d'état Luyando, à l'effet de notifier au roi
l'arrêté des cortès qui l'obligeait d'adhérer à la
constitution. Ferdinand ne lui fit qu'une réponse

(1) 4 Avril 1814.
(2) 16 Avril ibid.

évasive ; mais il délibéra secrètement avec les grands et les officiers-généraux qui l'entouraient, sur le parti qu'il lui convenait de prendre. Tous l'engagèrent à ressaisir le pouvoir dont l'investissaient les anciennes lois. La fraction royaliste du congrès lui envoya, d'une manière non ostensible, une adresse aux mêmes fins (1). Son penchant le portait à suivre ces conseils. L'attitude hostile, les discours peu mesurés, les menaces de l'autre côté de l'assemblée achevèrent de le déterminer. Il signa le fameux manifeste (2), dans lequel il annonçait à la nation que «justement » indigné de l'arrogance avec laquelle on voulait » le forcer d'accepter la constitution, sans lui » laisser la liberté d'en discuter le mérite, il » repoussait cette violence, ainsi qu'il le devait, » dans l'intérêt de sa couronne; qu'il annullait » en conséquence la prétendue charte et tous » les décrêts qui y avaient rapport, et qu'il » livrerait aux tribunaux, pour être punis comme » traîtres à la patrie et coupables de lèze-majesté, » tous ceux qui désormais oseraient s'en pré- » valoir. »

Ce prince s'achemina aussitôt vers Madrid. Don Nazario Eguia, l'un des lieutenans d'Elio, avait été nommé gouverneur de cette ville, à la place de Villa-Campa, dont on suspectait les intentions. Ce général, qui précédait le roi,

(1) Voir la note n.º 12.

(2) 4 Mai 1814.

trouva la garnison disposée à lui obéir. Il se porta
en toute hâte au palais où se réunissaient la régence et les cortès (1), et fit publier une ordonnance royale qui déclarait ces deux corps
dissous. Personne n'entreprit de les défendre.
L'opinion publique était trop ouvertement pro-
noncée en faveur du roi.

Les ministres de la justice et de l'intérieur,
Alvarez Guerra et Garcia Herréros, avaient été
arrêtés. On se contenta de révoquer les autres.
On enjoignit au cardinal de Bourbon de se retirer
à Tolède. Deux membres de la régence, Agar
et Ciscar, et quarante députés (2) furent em-
prisonnés. Trois généraux, Valdés, O'Donoyu
et Villa-Campa (3), et quelques particuliers (4),
signalés comme zélés partisans des cortès, eurent
le même sort.

Le surlendemain (5), le roi fit son entrée
solennelle dans Madrid. Les habitans de cette
capitale le reçurent avec les démonstrations de
la joie la moins équivoque. Il les exhorta, par
une première proclamation, à l'union et à l'oubli
des injures; et, dans une seconde (6), il exposa
le système de gouvernement qu'il croyait né-

(1) 10 Mai 1814.
(2) Voir la note n.° 13.
(3) Voir la note n.° 14.
(4) Voir la note n.° 15.
(5) 12 Mai 1814.
(6) 15 Mai ibid.

cessaire d'adopter. Voici les principaux passages de cette pièce remarquable. « Les cortès,
» lors de leur installation, avaient promis fidélité
» au roi. Au mépris de cet engagement, elles
» ont usurpé l'autorité suprême, renversé les
» bases de l'ancienne constitution. L'Espagne
» est demeurée en proie à d'innombrables maux.
» Pour en prévenir le retour, et retrancher, en
» même-temps, quantité d'abus, autant que peut
» le faire la prudence humaine, en conservant
» l'honneur de la royauté et ses droits, car elle
» en a de réels, comme le peuple a les siens,
» qui sont également inviolables, j'ai résolu,
» disait le roi, d'appeler auprès de moi les députés
» de l'Espagne et des Indes, aussitôt que je serai
» parvenu à rétablir dans mes royaumes l'or-
» dre et les coutumes introduites, du consen-
» tement de la nation, par les rois mes au-
» gustes prédécesseurs, afin de proposer, dans
» cette réunion légale, une charte constitution-
» nelle, conforme aux vrais principes d'une
» monarchie tempérée, et telle que l'exigent les
» lumières du siècle, les mœurs et le caractère
» élevé et généreux des Espagnols. Leur bonheur,
» ajoutait-il, fera toujours l'objet de ma vive
» sollicitude, et mes efforts tendront sans cesse
» à leur assurer, avec le concours des cortès,
» légitimement assemblées, la jouissance d'une
» sage liberté, sous la double protection de la
» religion et des lois. »

CHAPITRE XXVIII.

Situation de l'Espagne après le retour de Ferdinand VII. Insurrection militaire dans l'île de Léon. Nouvelle réunion des cortès. Entreprises de cette assemblée.

1814. — 1821.

En examinant les choses de plus près, le roi jugea qu'il ne pouvait de si-tôt tenir ses engagemens. Le feu de la discorde n'était pas encore éteint en Espagne. Les partis s'observaient et ne paraissaient nullement disposés à se faire la moindre concession. Les libéraux demandaient avec instance la convocation des cortès, dans la pensée qu'elles rétabliraient la constitution ou bien en rédigeraient une autre, également propre à amener le triomphe de leur opinion. Les royalistes, au contraire, parmi lesquels figuraient la plûpart des grands et des membres du clergé, s'opposaient à la trop prompte exécution de ce projet, persuadés, non sans raison, qu'il fallait attendre que le temps eut cicatrisé les plaies de l'état, avant de songer à mettre en présence des hommes divisés sur les points fondamentaux de l'existence sociale.

Le peuple avait peu de sympathie pour les propagateurs du libéralisme ; il se prononçait partout de manière à les convaincre que son concours ne leur serait jamais assuré. Le contact des étrangers n'avait pas altéré ses mœurs. Son amour et son profond respect pour le roi paraissaient en toute rencontre ; comme auparavant, il suivait l'impulsion de la haute noblesse, des ecclésiastiques ou des moines, dont il adoptait les principes et partageait les affections.

La politique conseillait à Ferdinand de différer l'accomplissement de ses promesses. C'est le dessein auquel il s'arrêta. Il comblait ainsi les vœux de la majeure partie de ses sujets, attachés à l'ancien système de gouvernement. Les constitutionnels impatiens, s'agitèrent à Séville et à Cadix. Ils furent contenus dans la première de ces deux villes, par don Henri O'Donnel, comte de Labisbal ; dans la seconde, par le marquis Mario de Villavicencio. Depuis, ils renouvellèrent, à plusieurs reprises, les mêmes tentatives ; mais toujours avec aussi peu de succès. Ferdinand sentait que la majesté royale serait avilie, s'il cédait à leurs exigences. Il se détermina à déployer contre eux toute la sévérité des lois.

Le royaume ne recouvra pas néanmoins une tranquillité parfaite. Il y eut encore des mouvemens partiels, dûs aux intrigues des partisans du roi Joseph, réfugiés en France. On n'avait rien stipulé en leur faveur dans un traité de paix et d'amitié, conclu à Paris, avec Louis XVIII (1), lors de sa rentrée dans les états de la branche aînée des Bourbons. On crut toutefois que le roi leur permettrait de revenir en Espagne; mais ce prince, qui ne voulait pas accroître les difficultés de sa position, se refusa constamment à mettre un terme à leur exil.

Ils continuèrent à agir sourdement. Le nombre de leurs adhérens devint en peu de temps assez considérable dans l'intérieur du pays. On les vit plus tard faire cause commune avec les constitutionnels.

La majorité de la nation, pleine de confiance dans la justice et la sollicitude du roi, se livrait cependant aux plus douces illusions. Elle se flattait de l'espoir de goûter sous son sceptre une félicité durable. L'Espagne semblait effectivement marcher chaque jour vers un état plus prospère; mais ce n'étaient là que de vaines apparences. Un mal secret dévorait cette monarchie, jadis si puissante. Les rouages de l'administration étaient embarrassés; les finances dans

____

(1) 20 Juillet 1814.

un désordre complet ; on ne pouvait acquitter régulièrement les dépenses publiques ; on ne savait d'où tirer des fonds pour solder l'armée, réduite au tiers de sa force ordinaire.

Ce malaise provenait, suivant l'opinion la plus accréditée, de la perte des Indes occidentales, dont les principales provinces s'étaient déclarées indépendantes durant la dernière guerre

Le roi s'occupa des moyens de les replacer sous son obéissance. Vingt-cinq mille hommes, de toutes armes, furent envoyés en Andalousie, sous le commandement du comte de Labisbal, tandis qu'on réunissait dans le port de Cadix, des vaisseaux destinés à les transporter en Amérique. Pour subvenir aux frais de cet armement, on eut recours à des emprunts sur le peuple et sur le clergé ; on émit une grande quantité de *vales* ou de bons royaux, que les porteurs ne parvenaient à échanger qu'à vil prix contre du numéraire. Les troupes de débarquement s'arrêtèrent dans l'île de Léon. Elles devaient y attendre le moment où la flotte serait prête à mettre à la voile ; mais des événemens imprévus détruisirent toutes les combinaisons du gouvernement. Les soldats avaient une extrême répugnance pour une expédition lointaine dont l'ignorance du vulgaire exagérait les dangers ; ils ne cherchaient pas à la cacher. Leur mécontentement réveilla l'énergie et releva les espérances des libéraux. Deux officiers appartenant à cette opinion, mais jusqu'alors peu connus, don Raphaël del Riégo y Nunez, lieutenant-colonel du régiment des Asturies, stationné au village de las Cabezas de San-Juan, et Joseph Quiroga, qui commandait celui de la Princesse, cantonné tout auprès, les excitèrent à briser les liens qui les retenaient encore dans la dépendance de l'autorité royale. Le premier, habile, audacieux, ardent, voulait amener cet éclat, afin de le faire servir au rétablissement des cortès. Le second, moins capable, mais aussi hardi, plus ambitieux peut-être, s'associa avec joie à un projet dont le succès devait élever sa fortune. Les deux régimens sur lesquels ils exerçaient immédiatement leur influence, arborèrent les premiers l'étendard de la liberté ; leur exemple entraîna le reste de l'armée (1).

Les chefs de cette insurrection jurèrent obéissance à la charte constitutionnelle. Les militaires de tout grade prétèrent après eux ce même serment, et promirent de répandre jusqu'à la dernière goutte de leur sang pour la défense et la propagation des doctrines libérales. En mémoire de cet engagement, on érigea sur la place publique une colonne, à laquelle on donna le nom de pierre de la constitution. De pareils monumens annoncèrent depuis dans chaque ville ou village, l'établissement du système constitutionnel.

(1) 1.er Janvier 1820.

Riégo, sous les ordres de qui s'étaient subitement rangés de nombreux volontaires, se jetta dans le royaume de Grenade, dont il espérait faire soulever la population. Le comte de Labisbal y accourut après lui, avec quelques bataillons provinciaux, le battit aux portes de Malaga et le força de s'éloigner. Mais déjà les troupes insurgées se dirigeaient sur Madrid ; la garnison de la Corogne, et à son imitation, celles des principales places de la Galice, adhéraient aux résolutions prises dans l'île de Léon ; les réfugiés, soit du parti libéral, soit de celui du roi Joseph, se hâtaient de rentrer en Espagne, guidés par Francisco Espoz y Mina, Francisco Milans et Antonio Rotten, trois anciens chefs de Guérillas, qu'animait le désir de la vengeance.

Le roi se trouva réduit à la nécessité d'accepter la constitution et d'en jurer le maintien (1). On lui imposa un nouveau ministère ; on ne lui laissa plus qu'une ombre de pouvoir ou plutôt, il demeura captif dans son propre palais. Riégo, venu dans la capitale, fut créé maréchal-de-camp et capitaine-général de l'Aragon.

Les cortès ne tardèrent pas à se réunir (2). On vit siéger dans cette assemblée une grande partie des membres de celle qui avait été dissoute après le retour du roi. Elle renouvella la

____

(1) 9 Mars 1820.
(2) Avril 1820.

plûpart de ses actes; elle remit en question les privilèges du clergé et de la noblesse et les déclara abusifs. Ce n'était pas assez. Le maréchal-de-camp don Vicente Sancho, proposa de supprimer les monastères, tant d'hommes que de femmes, et de vendre leurs biens au profit de l'état. On applaudit à ce projet; et, dans une autre séance, on décréta l'aliénation de la moitié des propriétés des ecclésiastiques séculiers.

Il n'était pas facile d'opérer ces confiscations. Presque dans toutes les localités, la multitude irritée, s'y opposait formellement. Les cortès avaient posé un principe dont elles ne pouvaient d'aucune manière obtenir les conséquences. Personne ne se présentait pour acquérir des immeubles qui devaient être concédés à très-bas prix : on craignait de se rendre coupable de sacrilège ou de périr victime de la fureur du peuple.

L'organisation administrative subit de grands changemens. Les cortès partagèrent les provinces en plusieurs districts, dans chacun desquels fut établi un premier magistrat, choisi parmi les officiers généraux ou supérieurs, qui, sous le titre de chef politique, réunissait les fonctions des gouverneurs militaires et celles des intendans de justice et de finance ou des corrégidors. Des administrateurs particuliers, chargés de la haute police des villes, relevaient de son autorité, et surveillaient, à leur tour, les alcaldes, auxquels était abandonnée la juridiction municipale.

La milice, qui avait proclamé la constitution ,
concourait à la faire recevoir dans toute l'étendue
de la péninsule. Elle présidait à l'installation des
nouveaux fonctionnaires, les protégeait contre
la haine des royalistes , leur procurait , autant
qu'il dépendait d'elle, les moyens de se maintenir
à leur poste.

CHAPITRE XXIX.

Guerre civile sous le gouvernement des cortès. Intervention armée de la France. Rétablissement de l'autorité royale.

1821. — 1823.

Une minorité turbulente et factieuse, dominait les cortès. Elle se composait des députés qui voulaient pousser le libéralisme jusqu'à la démocratie pure , et que l'on désignait, pour ce motif, sous le nom de *comuneros*. On voyait parmi eux Riégo , Philippe Navarro, Guasco , Romèro-Alpuente, Morèno. Un parti nombreux, ennemi de tout excès , luttait avec courage, mais sans aucun résultat heureux , contre ces hommes exaltés. Dans cette fraction de l'assemblée, dont les membres, par opposition à leurs adversaires politiques, étaient appelés constitutionnels ou modérés, on distinguait le duc de Frias , qui joignait des talens à une grande existence; le comte de Toréno, Calatrava, qui avaient acquis l'un et l'autre de la réputation dans les précédentes cortès ; et Francisco Martinez de la Rosa, brillant improvisateur, leur collègue dans cette législature, auparavant professeur d'éloquence et de belles-lettres à l'université de Grenade.

Des clubs s'étaient organisés dans Madrid, à la *puerta del Sol*, au café Lorenzini. Des résolutions soudaines, violentes, tenant quelquefois du vertige, se prenaient dans ces réunions, et devenaient la base des propositions que les *comuneros* faisaient adopter dans le sein des cortès. Riégo dirigeait à son gré ces rassemblemens; il y jouissait d'une faveur qui le porta à la présidence du corps législatif au commencement de sa troisième session (1).

Pour diminuer l'effet de cette influence, les principaux députés du parti modéré, formèrent une société dite de la *sortija* ou de l'anneau , autrement des amis de la constitution. On y discutait à l'avance toutes les motions à faire dans les séances des cortès ; on y concertait les mesures d'ordre à suggérer suivant la nature des circonstances , les moyens propres à déjouer les projets des *comuneros*. Mais ces derniers mirent la plus vile populace de leur côté, et s'en firent un appui contre leurs rivaux. Ils furent dès ce

(1) Avril 1822.

moment très-redoutables. La terreur multiplia leurs adhérens ; les constitutionnels ne les combattirent plus qu'avec une extrême réserve, et la plupart finirent par s'identifier avec eux.

A l'époque où les constitutionnels modérés étaient encore loin d'appréhender de se voir débordés par les exaltés, ils avaient essayé d'ouvrir un emprunt patriotique. Cette tentative ne réussit pas. Les besoins étaient pressans ; on eut recours aux étrangers. Des banquiers français offrirent trois cent millions de réaux ou soixante-quinze millions de francs, à des conditions onéreuses. Il fallait recevoir les pièces de cinq francs de France et les écus de six livres tournois pour leur valeur nominale. On n'avait pas le choix des expédiens : on souscrivit à tout, d'après les vives instances du comte de Toréno, qui fournit lui-même une partie des fonds. Mais il résultait de là une perte énorme pour le trésor. On ne tarda pas à accuser le député, négociateur de l'emprunt, d'avoir spéculé sur l'importation des monnaies françaises. On le traita d'agioteur ; on allait jusqu'à demander une punition exemplaire. Toréno fut obligé de renoncer à toute opération de finance, pour faire cesser ces clameurs.

Les partis étaient journellement aux prises dans la capitale. L'une de ces collisions si fréquentes amena le massacre des gardes-du-corps

(1), événement à jamais déplorable, qui laissait présager une infinité d'autres malheurs.

L'opinion publique, surtout dans les provinces septentrionales, repoussait la nouvelle forme de gouvernement. Le peuple prit les armes en Galice, en Navarre, à Burgos et dans plusieurs cantons de la Vieille-Castille. Le défaut de plan et l'absence d'un chef expérimenté rendirent ces manifestations complètement vaines. Les Catalans tentèrent de plus grands efforts. Des hommes intrépides, sincèrement attachés à l'ancien ordre de choses, les conduisirent au combat. C'étaient le baron d'Eroles, don Thomas Costa, appelé aussi Misas; Juan Montaner, le diacre Antonio Coll ou le Trapiste, don Pablo Mirallés, don Juan Romagosa, don Francisco Badals, don Augustin Saperés, Joseph Valéro, Juan Romanillos, simple marchand d'huile. Chacun de ces capitaines servit la cause royale avec autant d'ardeur que de succès. Olot, Bergà, Campredon, Besalü, Solsona, Balaguer, Cervéra, Puycerda, Urgel échapèrent en peu de jours aux constitutionnels, et les colonnes ou pierres, signe de leur domination, y furent renversées. Une commission administrative s'organisa dans la dernière de ces villes (2), sous le nom de junte supérieure et provisoire de Catalogne. Elle se composait de sept membres, à la tête desquels étaient don

(1) 7 Juillet 1822.
(2) 21 Juin 1822.

Julian Ramos, chanoine-curé de la cathédrale, et don Paladio Duran, avocat distingué.

Un semblable comité se forma, presque à la même époque (1), à Mequinenza, place forte, au confluent de l'Ebre et de la Sègre, pour la direction des affaires d'Aragon, sous la présidence de don Thomas Quadras, jurisconsulte, et de don Bartholomé Salvado, lieutenant-colonel des volontaires royaux du territoire d'Asco.

La Navarre eut aussi son conseil politique, dont le génér al Vicente Quesada, chef des bandes armées de ce royaume, provoqua l'établissement.

Ces trois juntes rendirent simultanément des décrêts qui déclaraient nuls ceux qu'avaient portés jusques-là les cortès. Elles désignèrent des trésoriers, pour recevoir dans les districts qui leur étaient soumis, le produit des contributions publiques et statuèrent, du consentement du clergé, que la moitié des dîmes ecclésiastiques serait affectée au paiement des dépenses de la guerre.

On comprit bientôt qu'il fallait plus d'unité dans le pouvoir. Une régence fut substituée aux trois juntes (2). On n'appela que trois personnes à ces haut es fonctions : don Jayme Creus, évêque de Mahon , nommé à l'archevêché de Tarragone ; le baron d'Eroles et don Bernardo Mozo y Rosales, marquis de Mata-Florida, membre

(1) 23 Juillet 1822.
(2) 12 Août 1822.

de la minorité des dernières cortès, depuis, ministre de grâce et de justice. Ces nouveaux administrateurs étaient entourés d'une grande considération ; leurs talens politiques, leur dévouement au roi inspiraient une excessive confiance. La mesure qui leur conférait une autorité sans limites, obtint l'approbation des provinces soulevées, sur l'exemple desquelles se réglèrent peu de temps après les royalistes des autres parties de la péninsule.

La régence s'établit à Urgel. Elle désigna trois ministres pour l'aider à supporter le poids de l'administration. Don Antonio de Gispert eut le département des affaires étrangères; don Fernando de Ortaffa, celui de la guerre ; la police et les finances échurent à don Domingo-Maria Barrafon. Dans un mémoire adressé au roi (1), la régence exposa les motifs qui l'avaient portée à se charger de gouverner en son nom la monarchie, durant sa captivité; puis, elle invita, par une proclamation, pleine d'énergie (2), les Espagnols à se réunir autour d'elle pour secouer le joug des usurpateurs de la représentation nationale et rétablir leur bien aimé souverain dans le libre exercice de tous ses droits.

Les Aragonais, les Navarrais et les Catalans, entendirent cet appel. Ils s'empressèrent d'aller grossir le nombre des défenseurs du trône,

(1) Voir la note n.° 16.

(2) Voir la note n.° 17.

déjà rassemblés sous les ordres du baron d'Eroles,
déclaré généralissime des troupes royales, qui
reçurent, dans cette conjoncture, la dénomination
d'armée de la Foi, parce qu'elles combattaient
dans un but non moins religieux que politique.

En même-temps, la régence envoyait des ambassadeurs au congrès de Vérone et dans les
différentes cours de l'Europe. Un emprunt ouvert à Paris, lui offrait les moyens de pourvoir,
sans effort, aux dépenses les plus urgentes. Elle
régularisait en outre le systême de perception
des douanes, l'une des principales branches des
revenus de l'état ; elle autorisait les corrégidors
à créer, chacun dans le lieu de sa résidence,
une junte particulière, dont les membres élus
par le peuple, devaient procéder à la répartition
de l'impôt ; présider à la formation du contingent des milices, par la voie du sort ou autrement ; suivre certains détails administratifs ;
proposer les plans d'économie politique et toutes
les améliorations compatibles avec les circonstances difficiles où l'on se trouvait.

Ses actes attirèrent cependant l'attention du
gouvernement de Madrid. Mina, décoré du titre
de général en chef des légions constitutionnelles,
passa en Catalogne, suivi de plusieurs divisions,
commandées sous lui par Milans, Rotten, Joseph
Manso et Joseph-Maria Torrijos. La guerre prit
un caractère atroce. On se battit de part et d'autre

avec la dernière fureur. Les royalistes étaient toutefois hors d'état de résister à leurs nouveaux adversaires; ils se virent contraints d'abandonner les places qu'ils occupaient dans le centre de la principauté et de se replier vers les Pyrénées. La fortune des armes parut un instant leur redevenir meilleure. Le baron d'Eroles défit le colonel don Juan-Antonio Tabuenca (1) entre Tolva et Benevarri, sur les confins du comté de Ribagorce ; mais l'impétueux Mina vengea cet affront à la sanglante bataille de Tora (2). Deux jours auparavant (3), il avait emporté le fort de Castel-Follit, situé sur une hauteur innaccessible, qui domine le cours de la Fluvia. Nulle autre fortification ne couvrait les approches d'Urgel. La régence se retira à Puycerda (4), et de là, peu de jours après, en France.

Mina vint aussitôt camper devant Urgel. Romagosa s'était enfermé dans cette place avec les débris de l'armée de la Foi. Sa constance et sa valeur en retardèrent la prise. Après deux mois et demi de siége, pendant lesquels il consomma toutes ses munitions de bouche, il se détermina à s'ouvrir un passage au travers des bataillons ennemis. Il exécuta très-heureusement ce projet, à la faveur des ténèbres de la nuit (1), et des-

(1) 18 Septembre 1822.
(2) 26 Octobre 1822.
(3) 24 Octobre 1822.
(4) 15 Novembre 1822.

cendit, par une route, que la chute des neiges avait rendu presque impraticable, dans la vallée d'Andorre, d'où ses intrépides soldats furent dirigés sur le pays de Foix et le haut Languedoc.

Lors de la dissolution des juntes supérieures, des guérillas, qui parcouraient les territoires de Balaguer et de Lérida, sous la conduite du Trapiste et de Bessières, officier français, étaient entrées en Aragon. Elles avaient forcé les habitans de Balbastro, puis ceux d'Huesca à les recevoir dans leurs murs. Le capitaine-général de la province, don Antonio-Ramon Zarco del Valle, marcha contre elles et les dispersa près d'Ayerbe. Ralliées, aux environs de Sos, par Bessières et Capapé, autre fameux partisan, elles se montrèrent de nouveau sur les bords de l'Yssuéla et de la Cinca. Elles pénétrèrent depuis (2) dans la Nouvelle-Castille. Les constitutionnels leur présentèrent le combat à Brihuèga; ils eurent lieu de s'en repentir. Les Guérillas, quoique victorieuses, ne pouvaient, sans témérité, poursuivre leur course dans la direction de la capitale; elles tournèrent vers le royaume de Valence, où elles se saisirent de Segorbe et du château de Murvièdro (3), construit sur les ruines de l'antique Sagonte.

(1) Dans la nuit du 2 au 3 Février 1823.

(2) Janvier 1823.

(3) 19 Mars 1823.

Après l'abandon d'Urgel ce fut le seul corps qui soutint dans la péninsule la lutte engagée par les royalistes.

Cependant, les souverains de l'Europe, dont les représentans se trouvaient réunis à Vérone, avaient résolu de délivrer Ferdinand VII de son long esclavage. Louis XVIII se chargea seul de cette entreprise, en vertu des anciens pactes de famille. Une puissante armée, ayant à sa tête le duc d'Angoulême, neveu de ce monarque, franchit la Bidassoa (1); une seconde, confiée au maréchal Moncey, duc de Conégliano, déboucha du Roussillon, par le col de Perthus (2). On connait les événemens de cette guerre, qui fut courte, mais décisive. La nation espagnole accueillit les Français comme ses libérateurs. Nul obstacle ne ralentit la rapidité de leur marche. A mesure qu'ils avançaient, les troupes constitutionnelles leur cédaient le terrain. Elles arrivèrent ainsi en Andalousie, toujours poussées par une force supérieure. Il n'y eut que celles qui servaient sous Mina, dans la haute Catalogne, qui offrirent une résistance quelque temps prolongée. Les cortès s'enfuirent à Cadix, emmenant avec elles le roi, la reine Marie-Joséphine de Saxe, sa troisième femme, les infans et toute la famille royale.

(1) 5 Avril 1823.
(2) 18 Avril 1823.

Cette assemblée fut bientôt obligée d'abdiquer son pouvoir (1). Les plus fougueux de ses membres s'embarquèrent pour l'Angleterre avant la signature de la capitulation qui terminait son règne. Le seul Riégo donna un exemple contraire. Il resta dans l'Andalousie méridionale, vers l'embouchure du Guadalquivir, où il tenta de soutenir avec un petit nombre d'hommes déterminés, la cause qu'il avait embrassée; mais pris les armes à la main, il fut conduit à Madrid et condamné au gibet (2).

Le roi reparut dans sa capitale. Le prince auquel il devait sa liberté, aurait voulu qu'il établît son gouvernement sur des bases propres à concilier les droits de sa couronne avec les vœux et les prétentions des deux partis qui divisaient l'Espagne; mais la disposition des esprits ne permettait pas à Ferdinand d'adopter ce plan, peu différent de celui qu'il avait lui-même conçu lors de sa rentrée dans le royaume, et que les royalistes n'avaient jamais goûté.

Il s'en tint donc au système d'administration qu'il avait suivi avant les événemens survenus dans l'île de Léon, s'appliquant à calmer l'effervescence des passions publiques; à réparer les maux de la guerre civile; à réprimer les entreprises des libéraux, qui troublaient de temps en temps le repos de l'état.

(1) 27 Septembre 1823.
(2) 5 Novembre 1823.

CHAPITRE XXX.

Changement opéré par Ferdinand VII dans l'ordre de successibilité au trône.

1823. — 1833.

Lors du retour de la famille royale à Madrid, la reine portait le germe d'un mal incurable, dont on essaya vainement, dans la suite, de ralentir les progrès. Cette princesse s'éteignit à l'âge de vingt-cinq ans (1). Ferdinand épousa, en quatrièmes noces (2), Marie-Christine, fille de François I.er, roi de Naples. Il était privé d'enfans. La naissance de l'infante Marie-Isabelle-Louise vint le combler de joie (3). Depuis, sa santé, habituellement mauvaise, s'affaiblit encore davantage. Une maladie très-grave, suite de fréquentes atteintes de goutte, le força de se

(1) 1809.
(2) 5 Novembre 1829.
(3) 10 Octobre 1830.

reposer du soin des affaires sur la nouvelle reine, à laquelle il confia momentanément la régence (1). Ce fut le signal d'une révolution à la cour. La régente désirait ardemment de faire déclarer sa fille héritière présomptive du trône, suivant le dessein auparavant formé par le roi (2). Il fallait pour cela changer l'ordre de successibilité réglé par les cortès, sous Philippe V; mais on redoutait le mécontentement de l'infant don Carlos. On chargea le comte d'Alcudia, secrétaire d'état, de lui proposer de partager avec la reine le gouvernement de la monarchie jusqu'à la majorité de l'infante qui régnerait après son père. Don Carlos repoussa cette offre. Le ministre lui représenta que son refus allait exposer le royaume aux calamités d'une guerre civile. « C'est précisément pour l'éviter, dit » alors ce prince, que je suis résolu de défendre » mes droits, ceux de mes enfans, et de faire » un appel à la nation, qui s'empressera d'y » répondre, parce qu'elle est convaincue, comme » moi, que rien ne saurait autoriser mon frère » à détruire une loi qu'il avait juré d'observer » à son avénement. »

(1) 6 Octobre 1832.

(2) Par une pragmatique sanction du 29 Mars 1830, suivie d'un testament en date du 12 Juin de la même année, le tout demeuré provisoirement comme non avenu.

Marie-Christine n'avait pas moins à cœur de réussir. Les ministres (1), soumis à l'influence de don Francisco-Tadéo de Calomarde, qui tenait le porte-feuille de grâce et de justice, et s'était prononcé contre l'innovation projetée, se seraient difficilement prêtés aux vues de cette princesse. Elle les écarta et leur donna des successeurs pris parmi les hommes favorables à l'opinion libérale, afin de se ménager de ce côté un appui capable de balancer l'opposition qu'elle craignait d'éprouver de la part des royalistes. Don Francisco Zéa-Bermudez fut nommé chef de ce conseil. Il était absent, et se souciait peu d'assumer sur lui la responsabilité des premières mesures. Il prétexta une attaque de goutte. Son arrivée (2), impatiemment attendue, ne précéda que de très-peu de jours la disgrâce de deux membres du nouveau cabinet, don Juan-Antonio Monet et don Joseph de Cafranga, dont la modération s'accordait mal avec l'emportement de leurs collègues, don Antonio Ulloa et don Victoriano Encima y Piédra. On les remplaça par don Joseph de la Cruz et don Juan-Gualberto Grijalva. D'autres changemens eurent encore lieu. Plusieurs capitaines-généraux de provinces, des gouverneurs de grandes villes ou de places fortes furent révoqués; quatre cents gardes-du-corps, licenciés;

(1) Voir la note n.° 18.
(2) Décembre 1832.

16

les troupes de la maison du roi, placées sous les ordres des généraux don Manuel Freire et don Vicente Quesada, disposés à servir l'ambition de la reine. Tout prit en Espagne un nouvel aspect.

L'état du roi s'améliora. Le bruit de sa mort avait couru dans le royaume. Quelques capitaines-généraux, entre autres le comte d'Espagne, qui commandait en Catalogne, s'étaient empressés de faire proclamer roi l'infant don Carlos. Cette démarche fut considérée par le roi comme une insigne trahison. La destitution des officiers auxquels elle pouvait être reprochée, lui parut insuffisante; il déféra les coupables aux tribunaux militaires et provoqua leur punition.

Au milieu des bouleversemens amenés par ces actes de rigueur, Ferdinand, obsédé de faux rapports et d'intrigues, entouré de courtisans dont les discours flattaient ses plus doux penchans, se décida à publier une déclaration (1), par laquelle il abrogeait la loi relative à l'hérédité de la couronne, rétablissait la coutume précédemment observée, et appelait en conséquence sa fille à lui succéder. L'infant don Carlos protesta contre cette résolution (2). Sa lettre adressée au roi (3), et envoyée ensuite à toutes

(1) 4 Avril 1833.
(2) 19 Avril 1833.
(3) Voir la note n.º 19.

les puissances de l'Europe, était écrite moins dans son intérêt personnel que dans celui de ses enfans et des princes qui viendraient après eux.

Cet infant s'était retiré en Portugal. Le roi ne lui répondit (1) que pour lui ordonner de s'éloigner davantage de l'Espagne (2), d'aller habiter les états pontificaux. On lui avait proposé auparavant de marier son fils aîné, l'infant don Carlos-Louis-Marie, avec la princesse des Asturies. Cet arrangement pouvait satisfaire son amour paternel et le mettre hors de cause ; mais il le rejeta parce qu'on refusait d'admettre la reconnaissance pleine et entière de ses droits, et qu'il ne voulait pas que son fils tint le sceptre de sa femme.

Le roi des Deux-Siciles, Ferdinand II, en qualité de chef d'une des branches cadettes des Bourbons-Espagnols, réclama également contre le décrêt porté par Ferdinand VII (3). Charles-Louis, duc de Lucques, fils de l'ancien duc de Parme, arrière-petit-fils de Philippe V, a imité cet exemple.

Les cortès devaient intervenir dans ce grand procès politique, non pour le juger, mais seulement pour donner une apparence de légalité aux changemens opérés par Ferdinand VII. Il

(1) 6 Mai 1833.
(2) Voir la note n.° 20.
(3) Voir la note n.° 21.

était arrêté qu'elles se réuniraient (1) à Madrid, dans l'église de Saint-Jérôme, en présence du roi, de la reine, de l'infant don Francisco de Paula, de ses deux fils, de l'infant don Sébastien, fils de l'infant don Pédro, des ministres, des présidens des conseils, des principaux officiers de la couronne, des prélats et des grands du royaume, à l'effet de prêter serment de fidélité à la princesse des Asturies. On supposait que cette formalité suffirait seule pour légitimer la substitution de l'infante aux droits de son oncle. Il entrait dans les attributions de l'assemblée de discuter la question de savoir s'il convenait ou non aux intérêts de l'Espagne d'adopter ce projet ; mais on était bien éloigné de vouloir la faire jouir d'une semblable liberté. Cette séance, annoncée comme devant offrir l'expression du vœu national, n'a été en réalité qu'une représentation pompeuse (2). Le Cardinal don Pédro Inguanzo Ribéro, archevêque de Tolède ; don Joachim Abarca, évêque de Léon, et d'autres dignitaires de l'église se sont abstenus d'y paraître, afin de ne pas encourir le blâme d'avoir consenti à la violation d'une loi fondamentale de l'état. Les fonctions réservées au primat dans ces sortes de cérémonies, ont été remplies par don Manuel Fraile, évêque de Siguenza, pa-

(1) Le 20 Juin 1833.
(2) Voir la note n.° 22.

triarche des Indes, grand-aumônier du roi. Tout s'est passé avec beaucoup de froideur et même d'embarras. On est resté persuadé que les députés des villes ont reconnu l'infante par obéissance et non par conviction. Le peuple de Madrid s'est montré dans cette circonstance, calme, patient et résigné.

Trois mois et quelques jours après cette dernière session des cortès, Ferdinand VII, qu'une nouvelle atteinte de goutte, à laquelle s'étaient joints d'autres maux, laissait encore une fois dans l'impossibilité de tenir les rênes du gouvernement, est mort, frappé d'apoplexie (1). La princesse des Asturies, âgée de trois ans, a été aussitôt proclamée reine dans la capitale, sous le nom d'Isabelle II. La reine mère a pris possession de la régence, en vertu du testament du roi, et confirmé dans leurs charges respectives, les ministres entièrement dévoués à la cause de sa fille, à l'exception peut-être de don Francisco Zéa-Bermudez, trop habile et trop rusé pour laisser pénétrer ses véritables sentimens.

On a formé, dans le but d'assister la régente, un conseil, auquel ont dû être appelés, d'après les dispositions testamentaires du roi défunt, le cardinal don Juan-Francisco Marco y Catalan, archevêque de Séville; le lieutenant-général don

(1) 29 Septembre 1833.

Francisco-Xavier de Castanos, le marquis de Santa-Cruz, le duc de Médina-Céli, don Pédro-Agustin Giron, marquis de las Amarillas, capitaine-général d'Andalousie; don Joseph-Maria Puig y Samper, doyen des membres du conseil de Castille, et don Francisco-Maria Caro, secrétaire d'état au département des Indes.

En cas de mort ou d'empêchement d'un ou de plusieurs de ces conseillers, on doit choisir, pour les suppléer, parmi les personnes indiquées par le roi dans l'ordre suivant : don Thomas Arias, auditeur de Rote; le duc de l'Infantado, le comte d'Espagne, don Joseph de la Cruz, officier-général ; don Nicolas-Maria Garelli et don Joseph-Maria Hévia y Noriéga, membres du conseil de Castille.

Don Narcisso Hérédia, comte d'Ofalia, est désigné pour les fonctions de secrétaire; à son défaut, Zéa-Bermudez.

Les habitans de Bilbao se sont prononcés en faveur de don Carlos, autrement Charles V. Ceux d'Orduna, de Vittoria et de plusieurs autres villes de la Biscaye et du Guipuzcoa, ont suivi cet élan. La Navarre s'est ébranlée à la voix de don Santos Ladron et de don Juan de Goyeneche, agens de ce prince. Il s'est lui-même approché de l'Extramadure. Ainsi, une nouvelle lutte va s'engager en Espagne, et ce malheureux pays est sur le point de devenir le théâtre d'évènemens dont il est impossible de prévoir les résultats. Les droits de don Carlos reposent sur le principe d'hérédité consacré par la nation après la paix d'Utrecht; l'infante Isabelle a pour elle la volonté non sanctionnée de son père.

———

Depuis que cet ouvrage est terminé, le cabinet espagnol a été entièrement recomposé. Don Francisco Zéa-Bermudez, a cédé les dépêches universelles et la présidence du conseil, à don Francisco Martinez de la Rosa. Les autres départemens ont été ainsi remplis :

Grâce et Justice :   Don Nicolas-Maria Garelli, membre du conseil de Castille.

Intérieur :   Don Francisco-Xavier de Burgos, membre de la junte del Fomento ou des progrès de l'agriculture et de l'industrie, remplacé tout récemment par don Joseph-Maria Moscoso de Altamira, doyen de la section de l'intérieur au conseil d'état.

Guerre :   Don Antonio-Ramon Zarco del Valle, brigadier des armées.

Finances :   Don Joseph de Imaz, conseiller d'état honoraire, di-

rccteur-général des rentes ou contributions publiques (1).

Marine :   Don Joseph Vasquez Figueroa,
autre conseiller d'état honoraire.

Ce ministère, peu de jours avant la retraite
de don Francisco-Xavier de Burgos, a proposé
à la régente de convoquer les cortès générales
du royaume, formées des trois ordres, mais
divisées en deux chambres, celle des *proceres*
ou chambre haute et celle des *procuradores* ou
des députés des provinces. La reine a adopté
ce plan et a publié en conséquence un statut
dont on trouvera le texte à la note n.° 23, avec
les principales dispositions du décrêt par lequel
cette même princesse a provisoirement réglé le
mode d'élection des *procuradores* et fixé le jour
auquel les cortès ouvriront leurs séances à Madrid.

(1) Don Joseph de Imaz n'a pas d'abord fait partie
du ministère. La direction des finances, primitivement
confiée à don Joseph Aranalde, membre du tribunal
de *Cuentas* ou du bureau de la comptabilité royale,
ne lui a été remise qu'après un certain délai. On
vient de la lui retirer, pour la donner à don Joseph-
Maria Queipo y Llano, comte de Toréno.

FIN DE L'ESSAI SUR LES CORTÈS.

NOTES.

—

NOTE 1.re

Page 16. Les assemblées mixtes............ où siégèrent..... les
députés des principales cités et de leur territoire.

Le nombre des cités qui avaient droit de vote ou de
suffrage dans ces assemblées nationales, fut d'abord, à
ce qu'on croit, très-limité. Il s'accrut à mesure que la
monarchie castillanne s'étendit. Voici la nomenclature
des villes qui jouissaient de cet avantage sous les derniers rois de la seconde branche de la maison de
Bourgogne.

Alcaraz.	Cadix.
Anduxar.	Calahorra.
Astorga.	Carmona.
Atiença.	Castro-Xéris.
Avila.	Ciudad-Rodrigo.
Badajoz.	Cordoue.
Baeça.	Coria.
Béjar.	Corogne (la).
Burgos.	Cuellar.
Cacérés.	Cuença.

Fontarabie.	Saint-Sébastien.
Guadalaxara.	Ségovie.
Ecija.	Séville.
Huete.	Soria.
Jaen.	Tariffe.
Léon.	Tolède.
Logrogno.	Toro.
Madrid.	Truxillo.
Médina del Campo.	Ubéda.
Murcie.	Valladolid.
Oviédo.	Villaréal.
Placentia.	Vittoria.
Sahagun.	Xérès de la Frontéra.
Salamanque.	Zamora.

Chacune de ces villes envoyait aux cortès un nombre
de députés, calculé suivant son importance et sa population. Celle de Tolède, l'une des plus considérables
du royaume, en élisait cinq. Leur élection se faisait
par les bourgeois et tenanciers, assemblés à l'hôtel de
ville, *Casa del Ayuntamiento*, sous la présidence du
corrégidor ou de tout autre officier de justice. Quelques
fois aussi elle avait lieu dans les églises paroissiales, en
présence et sous la direction des curés.

NOTE 2.ᵉ

Page 64. On lui représenta.......... par la suppression du traitement des gouverneurs.....

Le testament de Jean I.ᵉʳ fixait de la manière suivante
les émolumens des régens :

1.ᵉ Le connétable, cent mille maravédis ; 2.ᵒ les

archevêques de Tolède et de Saint-Jacques, chacun quatre-vingt mille ; 3.º le majordome, le grand-maître d'Alcantara, le comte de Niébla, chacun soixante-dix mille ; 4.º chacun des six députés des villes, quinze mille. C'était en tout six cent soixante mille, dépense qui dut être augmentée toutes les fois que le conseil de régence se grossit de nouveaux membres.

Les revenus du roi consistaient alors en trente-cinq millions de maravédis ; sept, provenant des droits très-anciennement établis, et vingt-huit, des taxes dont les cortès avaient successivement voté la perception. Il serait difficile d'apprécier cette somme sur le pied de nos monnaies actuelles ; mais on suppose communément que la valeur du maravédis était à cette époque un peu supérieure à celle du réal de nos jours. Ces trente-cinq millions pouvaient donc être évalués à environ dix millions de francs.

Note 3.ᵉ

Page 113. Cet établissement......... devenu la base de la composition des conseils qui existent aujourd'hui en Espagne.

Voici quels sont actuellement ces conseils :

Le conseil d'état et le conseil des dépêches universelles concernent le gouvernement politique. Le premier est composé de vingt membres titulaires et de trente honoraires, compris dix *jubilados* ou membres retraités ; le second n'est autre chose que la réunion, sous la présidence du roi, des ministres et secrétaires d'état des sept départemens des affaires étrangères, de grâce et justice, de l'intérieur ou de la police générale, de la guerre, de la marine, des finances et des Indes.

Le conseil suprême de Castille tient le premier rang

parmi les conseils et les tribunaux supérieurs de la monarchie. Selon le but de son institution, c'est à-la-fois un corps administratif, qui exerce un contrôle habituel sur tous les actes des autorités civiles, et une cour souveraine, qui reçoit les appels des siéges inférieurs, et qui, par dérogation à cette règle, connaît aussi de certaines causes, privativement à tout autre tribunal.

Ce conseil est partagé en cinq chambres, appelées *salas* : 1.º *la primera sala de govierno*, la première chambre d'administration, n'est occupée que d'affaires administratives; elle admet aussi les recours portés au conseil dans des cas extraordinaires; mais c'est pour les renvoyer aux chambres compétentes;

2.º *La segunda sala de govierno*, seconde chambre d'administration, juge la plupart des causes présentées au conseil par voie de recours extraordinaire; elle décide principalement ce qui a rapport aux fabriques, aux manufactures, aux ponts et chaussées;

3.º *La sala de mil y quinientos*, la chambre de quinze cents, est celle où peuvent être revisées les sentances des tribunaux souverains. Elle est ainsi nommée, à cause de l'obligatiou où sont ceux qui sollicitent ses arrêts, de déposer quinze cents ducats, qui sont perdus pour eux, s'ils succombent dans l'appel;

4.º *La sala de justicia*, la chambre de justice, dans les attributions de laquelle rentre la connaissance exclusive de certaines affaires spéciales;

5.º *La sala de provincia*, la chambre provinciale ou des provinces. Celle-ci statue sur les appels de tous les procès importans, soutenus dans les provinces, et sur ceux qu'on relève des deux lieutenans civils de Madrid, *tenientes de villa*, et des décisions des *alcaldes de corte*, juges particuliers de cette capitale, dont le collége, divisé en deux sections, forme comme une sixième chambre.

Les grands d'Espagne sont tous justiciables du conseil de Castille, tant en demandant qu'en défendant, en vertu du droit de *commitimus,* dont ils jouissent de temps immémorial.

Le chef de ce conseil a le titre de président ou de gouverneur. C'est toujours un prince du sang ou du moins un grand d'Espagne qui est revêtu de cette haute dignité. Les conseillers sont au nombre de trente, outre sept membres honoraires et autant d'officiers subalternes. Il y a trois procureurs-généraux, *fiscales,* deux pour les dépendances de la couronne de Castille, un pour celles de la couronne d'Aragon.

Le président ou gouverneur, le doyen des conseillers de chaque chambre et les trois procureurs-généraux constituent ce qu'on appelle la *camara,* espèce de junte ou comité, qui a des rapports immédiats avec le roi; qui règle tout ce qui a trait au droit de patronage, les successions des personnes royales, les contestations relatives aux priviléges des villes et cités; et qui expédie les brevets concernant les emplois éminens de l'ordre civil, les places de magistrature, les bénéfices consistoriaux.

Il y a ensuite :

1.º Le conseil royal et suprême des Indes, dont la juridiction s'étend sur le nouveau-monde. Il compte vingt-deux titulaires, en y comprenant le président, distribués en trois chambres, dont deux d'administration, une de justice. Auprès de chacune des deux premières, il y a un procureur-général et un secrétaire, chargés de l'instruction, pour la première chambre, des affaires qui concernent la Nouvelle-Es-

pagne et les possessions dépendantes de sa vice-royauté;
pour la seconde, de celles qui s'appliquent au gouvernement du Pérou ou aux autres colonies de l'Amérique
méridionale;

2.° Le conseil de guerre ou des ordres militaires,
dont les principales fonctions sont d'administrer la justice
à ceux de qui les causes lui sont commises, par une
conséquence de leur profession. Il y a deux chambres,
l'une pour tout ce qui se rattache aux objets administratifs, l'autre pour les affaires contentieuses ; mais qui ne
juge pas en dernier ressort. Près de ce conseil, sont attachés un procureur-général et un substitut, pour chacun des quatre ordres militaires de Saint-Jacques, de
Calatrava, d'Alcantara, de Monteza ;

3.° Le conseil royal des finances, partagé en cinq
chambres :

1.° *La sala* de *govierno* ou de l'administration des
finances ;

2.° *La sala* de *justicia*, qui juge les procès en matière de finance, et qui règle tout ce qui touche les
fermiers des droits du fisc, les entrepreneurs d'ouvrages
publics, les contrebandiers ;

3.° *La sala de millones*, où viennent aboutir les
contestations résultant de la perception des impôts ;

4.° *La sala de unica contribucion*, chargée de la
confection et du réglement d'un cadastre universel pour
toute l'Espagne ;

5.° *La contaduria mayor* ou chambre des comptes,
à laquelle est confié le soin d'examiner et de juger
les comptes des trésoriers de la marine et de l'armée,
tous les contrats et baux passés avec le roi, les comptes
des créanciers de la couronne. Ses décisions ne sont

point définitives; elles doivent être sanctionnées par la chambre de justice du même conseil.

Il y avait encore auparavant le conseil suprême de l'inquisition, établi pour connaître des accusations en matière de religion. Il se composait de l'inquisiteur-général, président, de huit conseillers titulaires, d'un procureur-général, ayant voix délibérative, d'un secrétaire et d'un alguasil-majeur. Ce conseil avait sous lui plusieurs tribunaux subalternes.

NOTE 4.ᵉ

Page 113. Les tribunaux souverains reçurent la dénomination de chancelleries et d'audiences.

Il y a en Espagne deux chancelleries et neuf audiences. Les chancelleries siégent, l'une à Valladolid, l'autre à Grenade. Il est des causes qui doivent leur être portées directement; d'autres ne leur sont présentées qu'après avoir été soumises aux tribunaux de première instance. On n'appelle de leur jugement au conseil de Castille que dans deux occasions; lorsqu'on s'adresse à la chambre de *mil y quinientos*, ou dans les cas de deni de justice, connus sous le nom de *recurzos de fuerza*, recours extraordinaire ou forcé. Chacune des deux chancelleries a un président, deux procureurs-généraux, un pour le civil, l'autre pour le criminel, un alguazil-majeur, vingt-quatre conseillers et douze assesseurs ou suppléans, répartis en six chambres, quatre pour les affaires civiles, une pour les criminelles, *sala del crimen*, une dite de *los hidalgos* ou des nobles, dont la mission est de constater la noblesse et de suivre les procès qui y ont rapport. Elle est aussi chargée exclusivement des causes criminelles des gentilshommes.

Les audiences sont établies à Saint-Jacques, à Séville, à Oviédo, à Cadix, sous le nom spécial de contractation ou de bourse, à Saragosse, à Cacerés, à Valence, à Barcelone, à Palma, capitale de l'île de Majorque. Chacune d'elles a pour chef un président, qui est toujours le vice-roi ou le capitaine-général de la province ; il a sous lui un premier magistrat, qu'on nomme régent, et auquel, en son absence, sont dévolues ses fonctions. Le nombre des conseillers varie suivant l'étendue du ressort ; ils peuvent être tout au plus seize, et sont divisés en trois chambres, deux pour les questions civiles, une pour le criminel. Cette dernière a un président particulier, appelé gouverneur. Il y a dans les audiences autant de gens du roi que dans les chancelleries. A quelques restrictions près, ces cours sont également souveraines. Les sentances de leurs chambres criminelles sont sans appel.

La Navarre a un conseil souverain séant à Pampelune. Il est composé d'une grand'chambre, d'une chambre des alcaldes ou officiers de police judiciaire et d'une chambre des comptes. Ses attributions sont à peu-près les mêmes que celles des autres tribunaux supérieurs.

NOTE 5.e

Page 170. A l'égard du luxe........... d'avoir plus de dix-huit domestiques à leur service.

Les grands dépassaient sur ce point toutes les bornes ; le duc d'Ossuna, ancien vice-roi de Naples, entretenait trois cents valets dans son palais.

Note 6.^e

Page 170. On proscrivait l'usage des manteaux de soie.

Les manteaux de soie étaient devenus si communs, que les plus vils artisans en portaient.

Note 7.^e

Page 193. De là résulta............... divisés en rentes ou recettes générales et en reutes ou recettes provinciales.

Ce mode est celui qui a toujours été suivi depuis, en ce qui concerne la coutume de Castille. Il y a trois coûtumes en Espagne relativement aux finances : 1.° celle de Castille; 2.° celle d'Aragon ; 3.° celle de Biscaye.

I.

Dans les provinces qui formaient autrefois les royaumes de Castille et de Léon, les revenus publics sont, comme au temps de Ferdinand VI, divisés en rentes générales et en rentes provinciales.

Les rentes ou recettes générales se composent des droits de douanes, du produit de la vente du tabac, du sel, du plomb, du vif-argent ; de celui des postes, de la distribution du papier timbré ; de l'indult ou taxe mise sur les vaisseaux destinés au commerce de l'Amérique.

Le clergé est soumis, comme les autres corps de l'état, aux rentes générales, perçues en vertu du droit de souveraineté, attribué au roi. Il paie en outre les droits de croisade et de subside, recouvrés depuis la publication de la bulle de Sixte IV, qui en autorisa la levée pour la conquête de Grenade.

Les rentes ou recettes provinciales comprennent : 1.º l'alcavala, autrement le droit prélevé sur le prix de chaque objet vendu ou échangé, dont les ecclésiastiques sont exempts ; 2.º les droits d'entrée sur les vins, huiles, liqueurs ; 3.º ceux qui sont établis sur la vente des denrées ou objets de consommation journalière ; 4.º le droit de millions, provenant du don gratuit, voté par les cortès, en 1590, sur la demande de Philippe II, dont la perception n'a jamais cessé depuis, et qui a été successivement augmenté. Le clergé est tenu d'acquitter l'ancien droit, mais non les sur-impositions ou les additions faites au contingent primitif.

II.

Dans les dépendances de l'ancienne couronne d'Aragon, l'imposition est personnelle et arbitraire, excepté dans la Catalogne, où il y a un cadastre, d'après lequel les cotes sont fixées proportionnellement aux facultés des contribuables.

III.

La Biscaye est une province franche : elle ne paie rien au roi. Les dépenses de la communauté y donnent seulement lieu à la levée d'une légère taxe sur chaque feu.

Le revenu total de l'Espagne s'élevait en 1808, lors

de l'abdication de Charles IV, en y comprenant les ressources tirées de l'Amérique, des Indes Orientales et des autres colonies, à onze cent-vingt millions de réaux de vellon, ou deux cent quatre-vingt millions de francs; la dette publique, consistant en vales royaux, à dix-huit cent millions de réaux, ou quatre cent-cinquante millions de francs; mais depuis, les revenus, surtout ceux des colonies, ont été presque anéantis, et la dette a augmenté dans une proportion effrayante.

NOTE 8.^c

Page 200. Ferdinand VII lui envoya secrètement des pouvoirs illimités.

Le roi avait d'abord adressé à la junte un décrêt ainsi conçu : « La junte exécutera ce qu'elle jugera nécessaire » pour le service du roi et du royaume, et pour cet » effet, elle a tous les pouvoirs dont sa majesté elle-» même serait investie, si elle était présente en Es-» pagne. »

Peu de jours après, la junte reçut deux nouveaux dé-crêts. Dans le premier, le roi disait : « qu'il était privé » de sa liberté, et ne pouvait en conséquence prendre » aucune mesure pour la conservation de la monarchie ; » que d'après ces considérations, il donnait à la junte » les pouvoirs les plus illimités. Elle avait la faculté de » se transporter partout où elle le trouverait convenable, » d'exercer au nom de sa majesté, toutes les fonctions » de la souveraineté. La junte devait veiller à la défense » des frontières, empêcher l'entrée de nouvelles troupes » françaises dans la péninsule. »

Le second de ces deux derniers décrêts portait :
« Que les cortès seraient assemblées dans le lieu le plus
» convenable ; qu'elles s'occuperaient d'abord des levées
» de soldats et des subsides nécessaires pour la défense
» du royaume ; que leur session serait permanente, et
» qu'elles agiraient en tout, suivant l'occurence des
» événemens. »

Note 9.ᵉ

Page 206. Une commission de quinze membres.......

Les trois opinions, qui partageaient l'assemblée, se
trouvaient représentées par cette commission, nommée
au scrutin. Ses quinze membres étaient : Munos-Torréro, Agustin Arguëlles, Perez de Castro, Fernandez
de Leyva, Guttiérez de la Huerta, Perez Valiente,
Lopez Canedo, Moralés Duarez, Espiga, Olivéros,
Barcena, Ric, Mendiola, Jaureguy, Ruyz-Padron.

Note 10.ᵉ

Page 209. L'infante Charlotte-Joachime....... Une lettre très-
flatteuse aux membres de la régence.

Cette lettre, en date du 28 juin 1812, était ainsi
conçue : « Je me réjouis avec vous en apprenant que
» les cortès extraordinaires viennent de terminer, à la
» satisfaction des Espagnols, la constitution qui doit les
» régir. Je la juge propre à devenir la base fondamen-
» tale de l'indépendance et de la prospérité nationales,
» en même-temps que j'y trouve une preuve éclatante

» de l'amour et de l'inaltérable fidélité de mes chers
» compatriotes pour leur roi légitime, ainsi que de la
» généreuse constance avec laquelle ils défendent leurs
» droits méconnus. »

Note 11.ᵉ

Page 212. Une foule d'orateurs......... qui avaient embrassé les doctrines libérales.

Les plus connus étaient : Munos-Torréro, Ruyz-Padron, Villanuéva, Olivéros, Serra, Larrazabal, Cepéro, Bernabeu.

Note 12.ᵉ

Page 217. La fraction royaliste......... une adresse aux mêmes fins.

Cette adresse avait été inspirée et rédigée par don Bernardo Mozo y Rosalés, créé depuis marquis de Mataflorida, l'un des membres les plus influens de cette portion de l'assemblée.

Note 13.ᵉ

Page 218. Deux membres......... quarante députés.

Une commission de justice prononça depuis sur le sort de ces individus. Les deux membres de la régence furent exilés, le premier à Saint-Jacques, le second á

Carthagène. On condamna la plupart des députés, mis
en jugement, à une détention de huit ans. Canga-Ar-
guëlles alla subir sa peine dans le château de Peniscola ;
Agustin Arguëlles, Martinez de la Rosa, Calatrava,
allèrent dans ceux de Ceuta, de Penon de Velez, de
Mélilla, en Afrique. Villanuéva, Munos-Torréro, Olivéros, Cépéro, en leur qualité d'ecclésiastiques, furent
seulement enfermés dans des couvens. On condamna à
mort, par contumace, le comte de Toréno, Florez
Estrada, Espoz y Mina, qui se dérobèrent par la fuite
aux poursuites dirigées contre eux.

NOTE 14.e

Page 218. Deux membres............... Valdés, O'Donoyu et
Villa-Campa.

Ces trois généraux furent retenus dans trois différentes
forteresses. Les deux ministres, incarcérés avant eux,
ayaient été envoyés, l'un à Ceuta, l'autre à Alhacémas.

NOTE 15.e

Page 218. Deux membres........ et quelques particuliers.

Parmi eux se trouvaient don Manuel-Joseph Quin-
tana, célèbre poëte, qui fut conduit dans la citadelle
de Pampelune, et Villa-Marino, Regato, Garcia,
Manriquez, écrivains distingués, bannis du royaume,
à cause de la publication de certains ouvrages favorables
aux projets des cortès.

Note 16.*

Page 233. Dans un mémoire adressé au roi.......

Voici la traduction littérale du mémoire adressé par la régence au roi Ferdinand VII.

Seigneur,

L'Espagne entière désire de voir briser les chaînes dans lesquelles un petit nombre d'ennemis de l'autel et du trône retient votre majesté. C'est-là son unique vœu. Elle se repose sur nous du soin de l'exprimer à votre auguste personne et de le faire connaître à toutes les puissances de l'Europe. Nous n'avons pas hésité d'accepter cette honorable mission; nous n'aurions pu la refuser, sans nous couvrir d'opprobre. Votre majesté agréera dans le fond de son cœur, ce nouveau témoignage de notre fidélité et de notre respect, tandis qu'elle se verra contrainte de signer l'acte de notre proscription. Résignez-vous, seigneur, à ce dernier sacrifice, qui montrera à-la-fois, l'étendue de vos malheurs et la hardiesse de nos démarches.

Que votre majesté nous permette de lui rappeler que dès le 7 mars 1820, elle s'est trouvée entourée de sujets rebelles et que deux jours après, elle a vu tomber de son front le diadème qu'elle tenait de ses ancêtres. Alors, seigneur, il ne vous est resté que le nom de roi que vos persécuteurs ne vous ont même laissé que pour mieux tromper les peuples et donner plus de crédit à leurs décrets. Nous avons dû regarder ces actes comme nuls; et plût à Dieu, que nous pussions effacer de l'histoire d'Espagne tous les événemens survenus dans ce royaume depuis que votre majesté a perdu sa liberté, et ceux qui pourront arriver encore jusqu'au jour où elle la recouvrera par les généreux efforts de ses fidèles sujets, résolus de ne reconnaître d'autre gouvernement que celui qui vient d'être organisé dans le but de rétablir l'exercice de la puissance royale.

Ce n'est pas sans un extrême regret, que nous voyons que les circonstances nous forcent de paraître rebelles à l'autorité d'un prince dont nous voudrions rendre la fortune meilleure au prix de notre sang. Notre dévouement sera traité de désobéissance ; mais nous nous confions pleinement au jugement de votre majesté. Elle sait combien il importe d'opposer une digue au torrent qui menace d'entraîner l'Espagne dans un abîme sans fond. Nos désirs et nos efforts tendront à raffermir la couronne sur votre tête, et à relever cet empire, qui brilla long-temps d'un éclat qu'ont obscurci, de nos jours, les criminelles entreprises des ennemis de l'ordre et de tout bien. Heureux, si nous pouvons atteindre ce double but, et parvenir à connaître votre décision, que nous recevrons avec un égal respect, soit qu'elle ait pour objet d'approuver nos actes ou de les blâmer.

De combien de maux n'est pas affligé ce royaume, depuis qu'il est privé de l'appui de son protecteur naturel ! Les droits et les privilèges de l'église méconnus et violés ; les temples profanés ; les ministres des autels insultés, massacrés ou proscrits ; le territoire espagnol menacé de l'invasion de l'étranger ; l'anarchie à la place de l'ordre ; les villes ruinées, les campagnes dévastées par la guerre civile ; la culture des champs délaissée ; le commerce anéanti, les lois méprisées ; les

magistrats avilis, la justice oubliée ; tels sont les déplorables effets de la captivité de votre majesté. Nous avons
pris l'engagement d'essayer de remédier à un semblable
état de choses ; nous suivrons avec ardeur l'exécution de
ce dessein. Que votre majesté ouvre son cœur à l'espérance. Le Tout-Puissant, qui vous a éprouvé dans le
creuset des tribulations, pour vous faire mieux apprécier sans doute celles qu'il réservait à vos sujets, ne
vous a suscité des vengeurs, contre toutes les prévisions
humaines, qu'afin de donner une grande leçon à l'univers et vous disposer à mettre en lui seul votre confiance.

Daignez, seigneur, agréer cette respectueuse expo-
sition de nos sentimens et de notre conduite, à laquelle
nous joignons un exemplaire du manifeste que nous
adressons, sous la date de ce jour, à la nation espagnole.
Votre majesté rendra justice à nos intentions ; il n'en
fut jamais de plus pures. Nous espérons, avec l'aide de
Dieu, parvenir à vous tirer d'esclavage et à humilier
vos ennemis. Que votre majesté compte sur le dévouement de l'Espagne ; que la joie rentre dans votre
cœur duquel elle est depuis si long-temps bannie. Vous
n'entendrez bientôt plus que le respectueux langage des
fidèles Espagnols. Daignez donc, seigneur, recevoir
l'hommage du profond respect que nous venons déposer
aux pieds du trône de votre majesté.

Au quartier général d'Urgel, le 15 août 1822.

Signés · le marquis de Mataflorida, l'Archevêque élu
de Tarragone, le baron d'Eroles.

NOTE 17.ᵉ

Page 233. Dans un mémoire..... .... par une proclamation
pleine d'énergie

Cette proclamation était ainsi conçue :

Espagnols, depuis le 9 mars 1820, votre roi est captif ; il ne peut plus travailler au bonheur de ses peuples, ni les gouverner suivant l'ancienne constitution, les sages lois et les respectables coûtumes établies par les cortès, légalement et librement convoquées. Uu tel état de choses est l'ouvrage de quelques hommes, qui, plaçant leur intérêt personnel au-dessus de l'honneur espagnol, sont devenus les instrumens d'une faction qu'anime le désir de détruire les autels, de renverser les trônes, de bouleverser l'Europe entière. Et quel est leur droit pour entreprendre de vous rendre ainsi le scandale de l'Univers ? Ils n'en ont d'autre que la force qu'ils ont acquise par les moyens les plus criminels, et dont ils se servent encore pour vous pousser vers un abîme de maux. Les ordres que nous venons vous communiquer au nom du roi, ne sont pas émanés de lui. Vous le savez, il est privé de sa liberté ; il vit au milieu de ses ennemis, exposé à de continuels outrages, depuis le jour où, par l'effet de l'insurrection d'une partie de son armée, il fut contraint d'accepter et de jurer de maintenir la constitution promulguée, contre le vœu de l'Espagne, durant sa première captivité, dans le but de changer l'antique forme du gouvernement et de donner atteinte à l'honneur des personnes appelées par leur naissance à porter la couronne ; concessions

que sa majesté ne pouvait en aucune manière accorder,
à moins de vouloir attirer sur ses royaumes les fléaux
qui, par suite de l'adoption d'un semblable système, ont
si long-temps désolé la France. Vous l'avez déjà éprouvé,
le désir d'innover améliore rarement la situation des
peuples. Mettez en comparaison les promesses qui vous
ont été faites par les novateurs, avec les résultats que
vous avez obtenus. Fut-il jamais déception pareille
à la vôtre? Comme vos illusions se sont promptement
dissipées! La religion de vos pères devait être respectée
et protégée : elle voit ses temples profanés, ses ministres
avilis et méprisés, réduits à la mendicité, dépouillés
de leur juridiction; l'athéisme et les principes destruc-
teurs de toute morale, exaltés et propagés avec une sorte
de fureur. L'anarchie dévore vos provinces. Vous vous
livrez à des travaux de tous les genres dont vous ne
recueillerez jamais les fruits. Votre ruine est certaine, si
vous ne courez aux armes, en usant du droit de légitime
défense que nul ne peut vous contester. Surpris de l'altération qu'ont subie les institutions de votre patrie,
de la perte de votre repos, qui l'a suivie, demeurerez-
vous insensibles au malheur de votre roi précipité de
son trône; à votre propre spoliation, consommée par
une foule d'ambitieux, partisans de ces funestes nou-
veautés? Les verrez-vous, sans frémir d'indignation,
se saisir de tous les emplois publics; faire servir les
décisions des tribunaux à leurs seuls intérêts; remplir
les prisons et les cachots de victimes, dont l'unique
délit est de s'opposer à leurs violences, autorisées par
les hommes audacieux et rusés qui ont usurpé la représentation nationale? Vous êtes comme des enfans auxquels on a ravi leur père, de véritables orphelins, tom-
bés sous la main d'un barbare tuteur. On vous accable

d'impôts, que vous ne parvenez à payer que très-dif-
ficilement, et qui sont loin cependant de couvrir les
besoins de l'état. On vous oblige à remplir de nombreux
emprunts, dont le produit n'a servi jusqu'à ce moment
qu'à enrichir les agens, chargés de vous dépouiller.
Vous n'êtes plus en sûreté dans vos maisons ; vous ne
pouvez plus espérer de jouir en paix des faibles restes
de votre fortune. La révolte de l'Amérique vous a en-
levé une source féconde de richesses, et votre sol, qui
offre encore des traces sanglantes des dernières guerres,
est menacé de devenir bientôt le théâtre de nouveaux
combats. Ce sont là les conséquences de l'abolition du gouvernement monarchique, à l'ombre duquel
vos pères ont vécu si long-temps heureux ; gouvernement qui passait pour le meilleur de tous et que se
sont empressés d'adopter la plupart des peuples, fatigués qu'ils étaient de lutter contre leurs propres erreurs.
Les moyens qu'on a employés pour vous séduire, sont
les mêmes dont on a toujours fait usage pour exciter les
passions de la multitude. Ils n'ont jamais produit que
de déplorables effets. Vos anciennes lois sont le fruit de
l'expérience des siècles et de la sagesse de vos ancêtres ;
vous êtes fondés à en réclamer l'observation. Les réformes que le temps rend nécessaires dans cette matière, doivent être l'objet d'une longue méditation, et
vous obtiendrez certainement celles que votre situation
pourra exiger. Mais la vieille constitution qu'on pré-
tend vous retirer, vous préservait de bien des maux.
Vous jouissiez, sous son empire, de toute la félicité
désirable, de toute la liberté compatible avec l'état de
société. Si, depuis 1814, de continuelles conspira-
tions contre la vie du roi, et d'odieuses trames, ourdies
par ses ennemis cachés, l'ont empêché d'exécuter les

projets qu'il avait conçus pour assurer la prospérité de ses royaumes; si des malveillans, en haine de nos anciennes coûtumes, ont bouleversé l'Espagne, afin d'amener sur de nouvelles bases la convocation des cortès, bien que sa majesté eut antérieurement prescrit leur réunion, dans les formes ordinaires; ah ! nous n'en doutons pas, vous nous aiderez, de tous vos efforts, à hâter la tenue d'une assemblée légale, dans laquelle seront adoptées des mesures propres à garantir vos plus chers intérêts et à vous procurer le repos après lequel vous soupirez. Tout Espagnol doit concourir à arrêter les progrès du mal qui dévore notre patrie ; l'union est devenue indispensable ; mieux vaut mourir avec honneur, que de courber la tête sous le joug de l'ignominie. La péninsule renferme encore des militaires qui n'ont pas oublié leurs premiers sermens ; ils s'empresseront de se joindre à nous, pour rétablir le roi sur son trône, rendre la sécurité aux citoyens et les replacer dans le chemin que leur ont ouvert leurs aïeux. Regardons comme autant de chimères les promesses des novateurs. Notre courage nous sauvera de l'opprobre ; l'église, le roi, l'honneur national réclament à-la-fois le secours de notre bras. Les habitans de diverses provinces, convaincus de cette vérité, nous ont engagés à prendre en main les rênes du gouvernement jusqu'à la délivrance du roi Ferdinand VII, afin de guider ses nobles et vaillans défenseurs dans la carrière de la gloire et parvenir à mettre un terme aux malheurs qui nous affligent. Désirant répondre aux vœux de ces fidèles serviteurs de l'autel et du trône, nous avons accepté ce fardeau, pleins de confiance en l'assistance divine et résolus de sacrifier notre vie, s'il le faut, pour arracher à sa perte une nation généreuse qui met en nous sa confiance dans la conjoncture la plus critique où elle se soit trouvée depuis la fondation de la monarchie. Nous nous constituons donc régens du royaume au nom de sa majesté le roi Ferdinand **VII**, pour le temps que durera sa captivité et celle des membres de la famille royale, dans la seule intention de lui conserver ses droits à la couronne et de procurer à ses sujets la tranquillité dont ils sont malheureusement privés. C'est par ces motifs que nous avons arrêté les dispositions suivantes :

1.º La régence annonce son installation aux Espagnols, pour qu'ils puissent se conformer à ses ordres. Ceux qui refuseront de lui obéir, seront traités en ennemis de l'état. Les lois et ordonnances qui ont régi l'Espagne jusqu'au 9 mars 1820, seront ponctuellement observées.

2.º La régence déclare que le roi se trouve captif depuis cette époque où il fut obligé de jurer fidélité a la constitution, promulguée en son absence et sans son aveu, dans la ville de Cadix, en 1812. En conséquence, tout ce qui a été fait en son nom, sera regardé comme non avenu et tenu pour nul, jusqu'au moment où sa majesté, rendue à la liberté, l'aura ratifié ou renouvelé.

3.º Ceux qui ont poussé l'audace jusqu'à se saisir de la personne du roi, qui même encore le retiennent par la force dans la captivité, et ceux qui co-opèrent d'une manière quelconque à cet acte criminel, seront jugés et punis suivant toute la rigueur des lois.

4.º La régence déclare que les cortès qui rédigèrent à Cadix la constitution par elles imposée à l'Espagne, ne formaient pas la représentation nationale, et que plusieurs de leurs membres, opposés à cette entreprise, ne jouissaient pas d'une liberté suffisante pour exprimer leurs sentimens ; que les assemblées subséquentes, en grande partie composées d'individus qui avaient obtenu le suffrage des électeurs par fraude ou à l'aide de menaces, et qui n'avaient d'ailleurs pu être investis par leurs commettans, de pouvoirs parfaitement définis, dans ces temps de désordre et d'anarchie, n'ont pas mieux représenté la nation, ni pu rien statuer qui oblige les habitans de la péninsule et de l'Amérique.

5.° Persuadée de la fidélité du plus grand nombre des militaires qui servaient sous les bannières de la religion, du roi et de la patrie, le 9 mars précité, et dont les uns seulement ont cédé à la force, les autres ont jugé inutile de manifester jusqu'à ce moment leur opinion, ou n'ont pas été bien instruits de la violence avec laquelle on a arraché à sa majesté le serment sur lequel on s'étaie, et des ordres donnés en son nom, et convaincue qu'afin d'éviter de plus grands maux, ils désirent prévenir le danger d'une invasion étrangère, malheur qui ne peut être détourné que par le prompt rétablissement du roi sur le trône, la régence les invite à se réunir sous ses drapeaux, pour l'aider à atteindre ce but. Les simples soldats recevront, pendant deux ans, une haute paie d'un réal (25 centimes) par jour ; on donnera une gratification de deux douros (dix francs) à ceux qui se présenteront avec leurs armes ; les cavaliers qui amèneront leurs chevaux, auront droit à celle d'une once d'or (80 francs). Les caporaux et sergens jouiront des mêmes avantages et obtiendront en outre de l'avancement. Les officiers, dont la conduite, après examen, paraîtra avoir été bonne, seront admis dans leurs grades respectifs, mais élevés au grade immédiatement supérieur ou même

plus haut, s'ils conduisent un nombre d'hommes quelconque. Ces promesses ne seront réalisées qu'en faveur
des militaires qui se présenteront dans le délai de
deux mois.

6.° Les militaires qui se trouvent très-éloignés des
lieux qu'occupe l'armée royale, et qui seront hors
d'état de la joindre dans le temps prescrit, pourront
se borner, à l'effet de profiter du bénéfice des dispositions énoncées en l'article précédent, à faire
connaître leur intention par écrit, soit en s'adressant
directement à la régence, soit en correspondant
seulement avec les gouverneurs ou commandans des
villes par elle établis.

7.° Les franchises et privilèges dont certaines cités
jouissaient, sous l'approbation du roi, lorsque l'insurrection a éclaté, leur seront d'abord rendus, et elles
en obtiendront ensuite la confirmation dans la première
assemblée des cortès qui sera légalement convoquée.

8.° Les contributions seront diminuées le plus possible;
les agens chargés de la perception, réduits au moindre
nombre nécessaire, et les recouvremens opérés sans
froisser les contribuables. Ces mesures seront soumises
plus tard à la sanction des représentans des cités.

9.° Pour obtenir plus sûrement le succès auquel elle
aspire, et n'agir qu'avec le concours de la nation, la
régence appellera auprès d'elle les députés des villes et
des provinces d'après les anciennes règles, et leur
exposera ses demandes dans l'intérêt de l'état, prendra
leur avis, acceptera les secours qu'ils jugeront à propos
de voter, sans fouler néanmoins les peuples, et leur
proposera les moyens de remédier aux maux causés par
la révolution, afin de porter quelque consolation dans
le cœur des fidèles Espagnols, en attendant l'heureux
moment où sa majesté sera rendue à leur amour.

10.º La province de Catalogne, la première qui a élevé la voix en faveur de notre bien-aimé souverain, ne subsistant, pour ainsi dire, qu'à l'aide du commerce et de son industrie, deux sources de prospérité que la guerre civile a taries, il lui sera accordé des avantages et des privilèges spéciaux, dont la concession pourra s'étendre aux autres parties de la péninsule, si elles imitent son dévoûment.

11º La régence, voulant montrer à toute l'Europe, que l'unique désir qui l'anime, est de travailler à rétablir la paix et le bon ordre, en arrêtant le débordement des idées subversives de la religion et des empires, charge toutes les autorités qui se trouvent dans sa dépendance, de veiller avec soin à ce que, dans l'étendue de leur juridiction, aucun individu, de quelle classe et condition qu'il soit, ne se permette d'agir ou de parler contre la sûreté des trônes et le respect dû aux puissances légitimes. Ceux qui seraient reconnus coupables de pareils actes, seront mis à la disposition du gouvernement, pour être pris à leur égard telles mesures qu'il appartiendra.

12.º Sensible aux outrages qui sont faits, à tout instant, au roi, effrayée des dangers qui menacent continuellement ses précieux jours, la régence déclare qu'elle poursuivra la punition des auteurs de ces crimes, afin qu'elle puisse servir d'exemple à tous ceux qui, dans les âges futurs, seraient tentés de les imiter. Par une raison contraire, elle s'empressera de décerner des récompenses aux citoyens qui contribueront à procurer la délivrance de sa majesté.

Donné à Urgel, le 15 Août 1822.

Signé : le marquis de Mataflorida, l'archevêque nommé de Tarragone, le baron d'Eroles.

NOTE 18.e

Page 241 Les ministres.....

Voici quelle était à cette époque, c'est-à-dire vers la fin de 1832, la composition du ministère :

Dépêches universelles ou Affaires étrangères. .	Don Manuel Gonzales Salmon ;
Grâce et Justice . . .	Don Francisco-Tadeo Calomarde ;
Guerre.	Don Miguel de Ibarrola, marquis de Zambrano ;
Marine	Le comte de Salazar ;
Finances.	Don Louis Lopez Ballesteros.

NOTE 19.e

Page 242 Sa lettre adressée au roi.....

Telle était cette lettre.

Mon très-cher frère ,

Ce matin, vers les dix heures, mon secrétaire particulier Plascala, est venu me dire que votre ministre en cette cour, Cordoba (1), désirait que je lui fixasse une heure pour me communiquer un ordre royal. Je lui ai fixé celle de midi. Il s'est présenté à une heure moins quelques minutes; et ayant été admis immédiatement, il m'a fait lire votre message royal. Après en avoir pris connaissance, je lui ai dit que j'aurais à répondre

(1) Don Antonio Lopez de Cordoba, auparavant secrétaire d'ambassade à Londres, où don Francisco Zea Bermudez, était alors ambassadeur.

directement à votre majesté, comme l'exige mon caractère et ma dignité ; que vous étiez mon roi, mon seigneur
et de plus mon frère, et le frère le plus chéri dont
j'avais toujours aimé à partager tous les malheurs.

Vous désirez savoir si j'ai l'intention ou non de reconnaître votre fille comme princesse des Asturies. Combien
il serait conforme à mes désirs de pouvoir le faire !
Vous qui me connaissez, vous savez que je vous parle
ici du fond de mon cœur et que je n'aurais pas de plus
grand bonheur sur la terre que de pouvoir lui prêter
tout le premier ce serment de fidélité et vous épargner
ainsi ce déplaisir et tous ceux qui doivent en résulter.
Mais ma conscience et mon honneur s'y opposent, et
mes droits sont trop légitimes pour que je puisse les
abandonner. Dieu me les a donnés en me faisant naître
dans le rang que j'occupe ; sa volonté seule peut me les
ôter en vous accordant un fils que je vous désire autant
et peut être plus que vous même. D'ailleurs, en cela,
je défends encore plus les droits de ceux qui peuvent
être appelés après moi à la couronne.

Je me vois donc dans la nécessité de vous envoyer la
déclaration ci-jointe, que je vous adresse avec toutes les
formalités légales, ainsi qu'à tous les autres souverains,
auxquels j'espère que vous voudrez bien la faire
communiquer.

Adieu, mon cher frère ; votre frère affectionné vous
aimera toujours et vous recommandera dans ses prières.

Signé : Carlos.

Seigneur,   Moi Charles-Marie-Isidore de
Bourbon, infant d'Espagne, étant bien convaincu des
droits légitimes que j'ai à la couronne d'Espagne, pourvu
que je survive à votre majesté, et qu'elle ne laisse point

d'enfant mâle, dis et déclare que ma conscience et mon honneur ne me permettent point de reconnaître d'autres droits. En foi de quoi, seigneur, aux pieds de votre majesté, le plus affectionné frère et le plus fidèle sujet.

Signé : Carlos.

Au palais de Ramalhao, le 19 Avril 1833.

Note 20.ᵉ

Page 243. Le roi ne lui répondit........

Copie de la réponse du roi.

Mon très-cher frère don Carlos, je n'ai jamais douté de l'affection que tu me portes; j'espère que tu ne doutes pas davantage de celle que j'ai pour toi; mais je suis père et roi, et je dois veiller aux intérêts de mes droits, à ceux de mes filles, de même qu'à ceux de ma couronne. Je ne veux pas non plus faire violence à ta conscience, ni te faire renoncer à tes prétendus droits, que tu penses que Dieu seul peut t'ôter, quoiqu'ils ne soient fondés que sur la déclaration des hommes; mais l'affection que j'ai toujours eue pour toi, me décide à t'épargner les dégoûts que tu trouverais dans un pays où tes droits supposés sont méconnus; mes devoirs de roi m'obligent à éloigner la présence d'un infant dont les prétentions pourraient servir de prétexte d'inquiétude aux mécontens. Des raisons de la plus haute police, les lois du royaume, qui l'ordonnent expressément, et ta propre tranquillité, qui m'est aussi chère que le bien de mon peuple, ne te permettent plus de résider en Espagne; je t'invite à te diriger, de suite, avec ta famille, vers les états pontificaux. Tu me donneras avis du lieu que tu auras choisi pour y fixer la résidence. Avant peu, un de mes bâtimens de guerre arrivera au port de Lisbonne, pour y être à ta disposition. L'Espagne est indépendante de toute action et de toute influence étrangère, en ce qui touche son administration intérieure, et j'agirais contre la libre et complète indépendance de ma couronne, en violant le principe de non intervention, adopté généralement par tous les souverains de l'Europe, si je leur faisais la communication que tu me demandes dans ta lettre.

Madrid, le 6 mai 1833.

Signé : Moi le Roi.

Note 21.e

Page 243. Le roi des Deux-Siciles............ contre le décrèt porté par Ferdinand VII.

Tel est le texte de cette protestation :

Ferdinand II, roi des Deux-Siciles.

Nous avons appris avec le plus profond regret que sa majesté catholique, par son décrèt du 4 avril 1833, avait convoqué les cortès espagnoles pour le 20 juin, pour leur faire prêter serment à son altesse royale l'infante dona Maria-Isabella-Luisa, comme princesse héritière de la couronne d'Espagne, et pour leur faire sanctionner par cet acte, le nouvel ordre de successibilité qu'elle se propose d'établir par sa pragmatique sanction du 29 mars 1830, dérogeant à celle promulguée le 10 mars 1713.

Dans ces circonstances, considérant que ladite loi de

1713 a été publiée par le chef d'une nouvelle dynastie, avec toutes les conditions requises pour sa validité, et dans un temps où des circonstances tout-à-fait extraordinaires et critiques justifiaient l'établissement d'une nouvelle loi de succession ; que c'est une loi consacrée par plus d'un siècle d'expérience non interrompue ; qu'elle a été la conséquence forcée des stipulations qui assurèrent le trône d'Espagne au petit-fils de Louis XIV et à ses descendans mâles, et que les puissantes raisons qui la produisirent, sont encore subsistantes.

Considérant qu'un ordre de succession ainsi établi, de l'agrément et sous la garantie des principales puissances de l'Europe, et reconnu, dans divers temps, comme avantageux à ces mêmes puissances, est devenu obligatoire et inaltérable, et a transmis à tous les descendans de Philippe V les droits qui, obtenus au prix du sacrifice d'autres droits, ne peuvent être délaissés sans préjudice pour eux et sans les exposer à manquer au respect dû à l'illustre chef et fondateur de leur dynastie.

Nous sommes convaincus que lorsqu'une loi fondamentale semblable a été adoptée, il n'est en la puissance de qui que ce soit, d'après tous les principes de législation universelle, d'y faire, tant que subsistera la dynastie du législateur, aucune innovation, sous aucun prétexte que ce soit ; ainsi, comme le droit acquis à la succession à la couronne d'Espagne, appartient aux descendans mâles de Philippe V, et à chacun suivant le rang et la priorité de naissance, au décès du dernier possesseur de la couronne, la succession est dévolue de plein droit au fils aîné de la branche aînée, comme le prince le plus proche du décédé, et le successeur ne tire son droit d'aucun acte du prédécesseur, mais de Dieu seul et de cette inviolable loi par laquelle a été établi l'ordre de successibilité. Il est évident ainsi que si cette loi était détruite, tous les efforts des monarques européens au commencement du siècle dernier, pour l'établissement d'un exact équilibre entre les divers états, auraient été vains et que rien ne saurait prévenir la reprise d'une guerre sanglante de succession.

En conséquence, et conformément aux mesures adoptées par notre auguste père pour la conservation de ce droit, à la date du 22 septembre 1830, nous croyons de notre devoir, de notre honneur, indispensable pour nos droits royaux, comme pour l'accomplissement des devoirs sacrés de la place dans laquelle il a plu à la divine providence de nous établir, de protester formellement, comme de fait ici nous protestons, en face des souverains légitimes de tous les royaumes, contre la pragmatique sanction de 29 mars 1830, et contre tout acte qui pourrait altérer ou affecter ces principes, qui jusqu'ici ont été la base du pouvoir et de la splendeur de la maison de Bourbon et des éventuels et incontestables droits sacrés qui nous sont acquis par la loi fondamentale jusqu'à ce moment religieusement observée et achetée au prix d'énormes sacrifices.

Notre présente protestation sera communiquée à toutes les cours, et des copies revêtues de notre signature et du sceau de nos armes royales, ainsi que de la signature de notre ministre des affaires étrangères, seront déposées aux archives du département de la justice, au bureau du président du conseil des ministres.

Naples, 18 Mai 1833.

Signé : FERDINAND.

Plus bas: Antonio STATELLA.

Note 22.ᵉ

Page 244. **Cette séance......** qu'une représentation pompeuse.

Relation de ce qui s'est passé dans la séance des cortès du 20 Juin 1833.

A onze heures du matin, l'assemblée des cortès entra processionnellement dans l'église de saint Jérôme, avec leurs majestés, et s'y rangea suivant l'ordre qui avait été arrêté.

L'enceinte de l'église était éblouissante d'ornemens. Tout son vaisseau gothique avait été tendu, jusqu'à ses voûtes, de taffetas bleu et de lévantine amarante. De pilier en pilier, à moitié de leur hauteur, couraient des draperies de satin blanc à franges d'or, surmontées de larges couronnes de fleurs, et relevées et soutenues par des ganses et des glands d'or.

L'orgue, le chœur, suspendu au-dessus du portail et où l'on avait mis ensemble les musiciens et les hyéronimites ou moines du couvent auquel appartient cette église, les tribunes hautes, les tribunes basses, occupées par les secrétaires d'état, les conseils, le corps diplomatiques, avaient été décorés avec une égale magnificence.

En avant du maître-autel et au niveau de la plus haute de ses marches, était une estrade garnie de riches tapis, qui s'étendait dans tout le sanctuaire.

Cette estrade, que fermait, à droite et à gauche, une balustrade dorée, s'ouvrait sur le corps de l'église par un escalier de huit degrés, qui y descendait.

Là, du coté de l'épitre, sous un dais de velours cramoisi, étaient les deux fauteuils de leurs majestés, et devant elles un prie-dieu. A la gauche du fauteuil de la reine, il y en avait un pour la sérénissime princesse des Asturies. Après le sien, étaient, d'abord celui de l'infant don Francisco de Paula, et ensuite ceux de l'infant don Sébastien, fils de l'infant don Pédro, neveu de Charles IV, et des deux jeunes fils de l'infant don Francisco, les infants don Francisco de Asis et don Henri-Marie-Ferdinand.

Les infantes Louise-Charlotte, épouse de l'infant don Francisco, et Isabelle-Ferdinandine, Louise-Thérèse et Joséphine-Ferdinandine-Louise, ses filles, se trouvaient dans l'une des tribunes hautes du sanctuaire.

Entre l'autel et le trône, il y avait un siége pour le patriarche des Indes, don Manuel Fraile, évêque de Siguenza, qui était assis, revêtu des habits pontificaux, et entouré des chapelains d'honneur.

Le patriarche des Indes était désigné pour recevoir le [serment des députés, au défaut et au refus de don Pédro Inguanzo Ribero, cardinal-archevêque de Tolède, qui avait allégué, pour s'excuser, son grand âge (1) et la faiblesse de sa santé.

Du côté de l'évangile, en face du dais de leurs majestés, étaient les fauteuils du cardinal-archevêque de Séville, don Juan-Francisco Marco y Catalan, et du comte de Rayneval, ambassadeur de France.

Après eux, derrière le banc des prélats, un autre banc était occupé par les ministres du conseil et de la camara, les témoins ou assistans; et debout, à leur droite, se tenaient le secrétaire de la camara, les notaires ou greffiers-majeurs du conseil de Castille et les major-dômes de semaine.

Dans la nef, au-dessous de l'estrade, du côté de

(1) Ce prélat est né le 21 décembre 1764.

l'épitre, était le banc des grands d'Espagne, en arrière duquel se trouvaient rangés les gentilshommes de bouche, et à quelque distance, les dignitaires de l'état ; et du côté de l'évangile, le banc auquel les prélats devaient descendre après la messe ; puis, encore à quelque distance, les bancs des députés procureurs des cités ; et à l'extrémité de leur double file, un banc en travers, vis-à-vis de l'autel, pour les députés de Tolède.

A la droite du roi, se tenaient, debout, le comte d'Oropésa, ayant à la main l'épée royale, symbole de la justice ; le marquis de San-Martin, major-dôme-mayor du palais ; derrière leurs majestés, le marquis de Valparaiso, comte de Montealègre, lieutenant général, capitaine des gardes ; la camarera-mayor ou première dame d'honneur de la reine, et les dames du palais. Derrière la princesse des Asturies, la marquise de Santa-Cruz, sa gouvernante, et sa nourrice.

De chacun des deux côtés de la balustrade, au haut des marches du sanctuaire, il y avait deux rois d'armes, et au bas deux massiers.

A l'extrémité des bancs, et derrière celui des députés de Tolède, étaient quatre portiers de la chambre du roi et deux alcaldes de la maison du roi, tenant à la main la verge, signe de leurs fonctions.

Lorsque leurs majestés, qui s'étaient agenouillées à leur prie-dieu, se furent relevées et assises, la messe pontificale du Saint-Esprit commença ; elle fut célébrée par le patriarche des Indes, qui, après l'avoir achevée, entonna le *veni creator*, que chanta à grand orchestre la musique de la chapelle du roi.

Pendant cet hymne, toute l'assemblée se tint à genoux.

Dès qu'il fut terminé, le patriarche des Indes, revêtu d'une chape, vint s'asseoir sur un fauteuil, préparé pour lui, le dossier appuyé contre le maître-autel.

L'archevêque de Séville s'approcha alors et posa un missel avec un crucifix sur une table qui était à la droite du patriarche, couverte d'un riche tapis et aux pieds de laquelle il y avait un coussin de velours rouge.

Les prélats, à un signal que leur donna le maître des cérémonies, descendirent de l'estrade et allèrent occuper le banc qui leur était réservé dans la nef, en avant de celui des procureurs des villes.

Tout étant ainsi disposé, le roi d'armes le plus ancien prononça à haute voix ces paroles :

Ecoutez, écoutez, écoutez la formule du serment et de l'hommage que les sérénissimes infants, les prélats, les grands, les dignitaires et les procureurs des villes, qui sont ici présens, vont prêter à la sérénissime princesse des Asturies, comme fille aînée et héritière du roi catholique Ferdinand VII, notre souverain seigneur et maître, et de la reine notre souveraine, dona Maria-Christina.

Après cette proposition du roi d'armes, le doyen des membres du conseil de Castille, don Joseph-Maria Puig y Samper, s'avança vis-à-vis de leurs majestés et de leurs altesses royales, ayant à sa droite le secrétaire de la camara et les greffiers ou notaires-majeurs, et lut le protocole suivant :

» Vous, qui êtes ici présens, vous serez témoins comme quoi, devant le roi catholique Ferdinand VII, notre souverain seigneur et maître, et la reine dona Maria-Christina, notre souveraine, les sérénissimes

infants, les prélats, les grands, les dignitaires de
l'état et les procureurs des villes et des royaumes,
réunis en cortès, par ordre de sa majesté, au nom
de ces royaumes, tous ensemble, et d'une volonté
libre, spontanée et unanime, et chacun pour soi et
ses descendans, et lesdits procureurs pour eux et
pour leurs constituans, et en vertu des pouvoirs qui
leur ont été donnés, déclarent qu'ils reconnaissent et
acceptent, dès à présent, la sérénissime et très-haute
princesse Maria-Isabel-Luisa, fille aînée de sa majesté,
ici présente, comme princesse de ces royaumes et
domaines, appartenant au roi notre souverain Seigneur,
et de ceux qui lui seraient donnés, de ceux qu'il y réuni-
rait et incorporerait durant les jours longs et prospères
qui lui sont réservés, et, après lui, comme reine et
souveraine légitime et héritière naturelle et propriétaire
desdits royaumes et domaines; qu'ainsi, du vivant de sa
majesté, ils engagent à la sérénissime princesse leur
foi, leur obéissance et leur fidélité, et promettent
de garder son service comme de loyaux et fidèles
sujets et de bons vassaux sont tenus de le faire.
Et surabondamment, et pour plus de force et de
sûreté, vos altesses les infants, et vous tous, prélats,
grands, dignitaires et procureurs des cités, en vos
noms et en ceux de vos descendans, successeurs et
constituans, vous allez dire et jurer à Dieu notre
seigneur, et à la Sainte Vierge Marie, sa mère, sur
la sainte croix et sur la lettre des saints évangiles,
qui sont écrits dans ce missel ouvert devant vous,
lesquels croix et évangiles vous toucherez corporelle-
ment de vos mains droites, vous allez dire et jurer,
de toute votre loyauté, que vous reconnaissez la
sérénissime princesse, après sa majesté, comme votre

reine et souveraine naturelle; que vous vous maintiendrez fidèlement en son vasselage, ainsi que c'est votre devoir; que vous n'irez contre rien de ce à quoi vous êtes obligés envers elle; que vous n'en céderez et que vous n'en vendrez rien, directement ou indirectement, en aucun temps, de quelque manière, pour quelque cause ou quelque raison que ce soit. Ce faisant, Dieu aide en ce monde vos corps et vos ames, en l'autre, où vous avez à durer davantage. Et vous direz aussi, que faisant le contraire, vous consentez à le payer et à ce qu'il vous en coute cher, comme à ceux qni jurent en vain le saint nom, et que vous voulez être tenus pour menteurs, parjures, infâmes et hommes de peu de valeur, et encourir les peines prononcées par les lois de ces royaumes contre les traitres et felons; en foi de quoi, vous déclarerez tous, à haute et intelligible voix : nous le jurons ainsi, Amen. Puis, chacun de vous encore, prélats, grands, dignitaires et procureurs des villes, tant en vos noms qu'en ceux de vos descendans, successeurs ou constituans, vous direz aussi que vous prêtez l'hommage lige, une, deux et trois fois; une, deux et trois fois; une, deux et trois fois, selon la coutume et selon votre devoir, entre les mains du duc de Médina-Céli, qui le recevra de vous, au nom de ladite sérénissime et très-haute princesse MariaIsabella-Luisa, et que vous le prêtez pour le garder aussi fidèlement que ledit serment et sous les mêmes peines; après quoi, avec toute la révérence et toute l'humilité qui lui sont dues, vous baiserez la main de ladite sérénissime infante, dès à présent votre princesse et votre future reine et souveraine naturelle. »

Cette lecture terminée, le doyen du conseil, qui l'avait faite, le secrétaire de la camara et les notaires de la chambre retournèrent à leurs places.

Immédiatement après, le roi d'armes appela le sérénissime infant don Francisco de Paula.

Son altesse royale se leva, et après avoir fait à l'autel et à leurs majestés les trois révérences d'usage, accompagné du maître des cérémonies, elle s'agenouilla et posa la main droite sur le missel et le crucifix, placés devant le patriarche.

Votre altesse, comme infant de Castille, dit ce dernier, jure-t-elle de garder fidèlement le serment dont la formule vient d'être lue?

Oui, je le jure, répondit le prince.

Qu'ainsi, Dieu et les saints évangélistes vous soient en aide, ajouta le patriarche.

Amen, dit son altesse.

Et en même-temps, elle se releva, renouvela les trois révérences à l'autel et à leurs majestés, et fut se mettre à genoux devant le roi, qui lui dit, prenant ses mains dans les siennes :

Prêtez-vous l'hommage lige, une, deux et trois fois, et donnez-vous votre parole d'y être fidèle, selon la formule qui a été lue?

Je le promets, répondit l'infant, et il s'inclina pour baiser la main de sa majesté, qui aussitôt lui jetta les bras au cou et le releva.

Le prince fut ensuite baiser la main de la reine et celle de la jeune princesse ; puis il alla se rasseoir.

L'infant don Sébastien et les deux fils de l'infant don Francisco vinrent successivement prêter le serment et l'hommage lige et baiser les mains royales de la même façon et avec le même cérémonial.

Tant que durèrent ces quatre prestations de serment, tous les assistans se tinrent debout. Lorsqu'elles furent achevées, le maître des cérémonies substitua un autre missel et un autre crucifix à ceux qui avaient servi pour les infants : puis le roi d'armes cria :

Dúc de Médina-Céli, passez et venez recevoir, au nom de la sérénissime et très-haute princesse des Asturies, l'hommage lige des prélats, des grands, des dignitaires et des procureurs des villes du royaume.

Le duc de Médina-Céli s'avança, et ayant fait les trois révérences d'usage, se plaça à la gauche du fauteuil du patriarche, et s'y tint debout et découvert.

Alors, appelés successivement, son éminence le cardinal-archevêque de Séville d'abord ; puis les autres prélats, vinrent, un à un, prêter le serment entre les mains du patriarche, et l'hommage lige entre celles du duc de Médina-Céli, et ils furent, en se retirant, baiser les mains de leurs majestés et de la sérénissime princesse.

Les grands, et après eux, les dignitaires, furent appelés ensuite, et montèrent deux à deux, prêtant d'ailleurs le serment et l'hommage lige, et passant au baise main avec les mêmes formalités et le même cérémonial.

Quand ce fut le tour des députés procureurs des villes, s'éleva la contestation de préséance accoutumée entre ceux de Burgos et de Tolède. C'est un incident inévitable, toujours consigné au procès-verbal.

Les députés de Burgos montèrent sur l'estrade ; presque aussitôt s'y présentèrent ceux de Tolède, et tous ayant fait préalablement les révérences voulues, pré-tendirent être admis les uns avant les autres au serment, les procureurs de Tolède déclarant que la prérogative leur appartenait, leur ville étant la plus ancienne et ayant droit à la prééminence comme capitale du royaume, ceux de Burgos réclamant la préférence à raison de ce dernier motif, leur cité ayant été, dans des temps plus récents, honorée du titre de Capitale de la monarchie castillane. Cette double prétention fut formulée par les deux députations, en peu de mots et en termes modérés et respectueux : après quoi, statuant sur le différend, le roi dit : que Burgos jure d'abord : Tolède jurera quand je l'ordonnerai. Les députés ayant renouvelé leurs révérences, supplièrent sa majesté de vouloir bien leur donner acte de sa décision, et le roi répondit qu'il le leur concédait.

Cette querelle pacifique ainsi terminée, les procureurs de Tolède retournèrent à leur banc, et ceux de Burgos, demeurés sur l'estrade, prêtèrent le serment et l'hommage, puis baisèrent les mains de leurs majestés et de la princesse, et furent suivis de tous les autres députés, au nombre de soixante-seize, qui arrivèrent deux à deux successivement, ville par ville, pour remplir les mêmes formalités.

Les grands major-dômes et les major-dômes de semaine vinrent ensuite : puis on appela les procureurs de Tolède.

Le comte d'Oropésa jura après eux, ayant laissé entre les mains du marquis de Sotomayor, premier écuyer de sa majesté, l'épée royale, qu'il reprit aussitôt après avoir prêté son serment.

Pour faire le sien, le duc de Médina-Céli céda sa place au comte de Cervellon, qui reçut de lui l'hommage lige.

Enfin, le patriarche des Indes se levant, laissa l'habit pontifical, et jura entre les mains de l'archevêque de Séville, qui, revêtu de la chape, s'était assis au fauteuil, que le premier avait quitté.

Le patriarche fut le dernier qui prêta l'hommage lige et baisa les mains de leurs majestés. Dès qu'il fut allé prendre la chaise de l'archevêque de Séville, qui demeura au fauteuil, le secrétaire de la camara, s'avança vers le trône, suivi des notaires-majeurs, et ayant fait les trois révérences, dit à haute voix :

«Seigneur, votre majesté, au nom de la sérénissime et très-haute princesse Maria-Isabel-Luisa, sa fille aînée, accepte-t-elle le serment et l'hommage lige des cortès? Demande-t-elle à leurs notaires d'en prendre acte et d'en donner témoignage? Ordonne-t-elle que les prélats, les grands et les dignitaires non présens ici soient admis à jurer de même?

Je l'accepte, je le demande et je l'ordonne ainsi, répondit sa majesté.

Le secrétaire de la camara et les notaires-majeurs étant restés debout comme ils étaient, les députés procureurs de Burgos montèrent sur l'estrade, et après avoir fait également les trois révérences, le plus âgé d'entre eux parla ainsi à sa majesté :

«Seigneur, le royaume félicite humblement votre majesté et la reine notre souveraine, de la prestation de serment faite à la sérénissime infante dona Maria-Isabel-Luisa, votre fille bien-aimée, et vous renouvelle, ainsi qu'il le doit, ses protestations d'amour et de fidélité. En même-temps, le royaume vous supplie de vouloir bien ordonner qu'il soit accordé à chaque ville un témoignage authentique de l'acte solennel qui vient d'être accompli à la joie universelle de vos vassaux, disposés tous à se sacrifier pour leur souverain et maître ; et votre majesté faisant droit à notre requête, nous en recevrons grand merci.

Cela est bien ainsi, répondit le roi, et j'ordonne que les témoignages requis par vous soient octroyés.

Le secrétaire de la camara, les notaires-majeurs et les procureurs de Burgos étant allés reprendre leurs places, le cardinal archevêque de Séville entonna le *Te Deum*, qui fut exécuté à grand orchestre par la musique de la chapelle royale.

Le même prélat donna ensuite la bénédiction solennelle et leurs majestés s'étant levées, se retirèrent par le cloître du couvent, accompagnées de toute l'assemblée, comme elles étaient venues.

Il était deux heures après-midi lorsque cette cérémonie se termina.

NOTE 23.^e

Page 248.

Convocation et constitution des cortès.

Leur composition, ainsi qu'on va le voir, doit avoir lieu d'après un cens d'élection, et non par le suffrage universel, comme il arrivait sous l'empire de la loi fondamentale.

STATUT ROYAL.

TITRE 1.er

De la convocation des cortès générales du royaume.

Article 1.er Conformément aux dispositions de la loi, titre 15, partie 2.e et des lois 1.re et 2.e, titre 7, livre 6 de la nouvelle compilation, sa majesté la reine régente, au nom de son auguste fille Isabelle II, a résolu de convoquer les cortès générales du royaume.

Art. 2. Les cortès générales se composeront de deux chambres, *estamentos*, celles des *proceres* ou grands du royaume et celle des *procuradores* ou députés des provinces.

Titre II.

De la chambre des *proceres.*

Art. 3. La chambre des *proceres* se composera :

1.º Des très-révérends archevêques et des révérends évêques ;

2.º Des grands d'Espagne ;

3.º Des titres de Castille ;

4.ª D'un nombre indéterminé d'Espagnols, élevés en dignité et illustres par leurs services dans les différentes carrières, qui seront ou qui auront été ministres, secrétaires d'état, membres de la chambre des *procuradores*, conseillers d'état, ambassadeurs ou ministres plénipotentiaires, généraux de terre ou de mer, ou membres des tribunaux suprêmes ;

5.º Des propriétaires fonciers, propriétaires de fabriques, manufactures ou établissemens industriels, réunissant à leur mérite personnel et autres motifs de considération, la jouissance d'un revenu annuel de 60,000 réaux (15,000 francs), et la condition d'avoir été antérieurement membres de la chambre des *procuradores*;

6.º De ceux qui dans l'enseignement public ou dans la culture des sciences ou des lettres, auraient acquis un grand renom et de la célébrité, pourvu qu'ils jouissent d'un revenu de 60,000 réaux, provenant, soit de leurs biens propres, soit d'un traitement du trésor public.

Art. 4. Il suffira d'être archevêque ou évêque titulaire ou co-adjuteur pour pouvoir être nommé en cette qualité et siéger dans la chambre des *proceres.*

Art. 5. Tous les grands d'Espagne sont membres nés de la chambre des *proceres*, et ils siégent pourvu qu'ils réunissent les conditions suivantes:

1.º Être âgé de vingt-cinq ans accomplis;

2.º Être en possession de la grandesse et la posséder par un droit propre ;

3.º Justifier de la jouissance d'un revenu de 200,000 réaux (50,000 francs) ;

4.º N'avoir ses biens grêvés par aucun genre d'hypothèque ;

5.º N'être sous la poursuite d'aucun procès criminel ;

6.º N'être sujet d'aucune puissance étrangère.

Art. 6. La dignité de *procer* du royaume est héréditaire pour les grands d'Espagne.

Art. 7. Le roi choisit et nomme les autres *proceres*, et leur dignité est à vie.

Art. 8. Les titres de Castille, qui seraient nommés *proceres*, devront justifier qu'ils réunissent les conditions suivantes:

1.º Être âgé de vingt-cinq ans ;

2.º Être en possession du titre de Castille et le posséder par un droit propre ;

3.º Jouir d'un revenu de 80,000 réaux (20,000 francs);

4.º N'avoir ses biens grêvés par aucun genre d'hypothèque ;

5.º N'être sous la poursuite d'aucun procès criminel ;

6.º N'être sujet d'aucune puissance étrangère.

Art. 9. Le nombre des *proceres* du royaume est illimité.

Art. 10. La dignité de *procer* se perd uniquement par incapacité légale, en vertu de sentence portant condamnation à une peine infâmante.

Art. 11. Un réglement déterminera tout ce qui

concerne le régime intérieur et le mode de délibération de la chambre des *proceres*.

Art. 12. Le roi nommera parmi les *proceres* à chaque convocation des cortès, ceux qui devront exercer, pendant le temps de la session, les charges de président et de vice-président de cette chambre.

Titre III.

De la chambre des *procuradores* des provinces.

Art. 13. La chambre des *procuradores* se composera de personnes qui seront nommées conformément à la loi des élections.

Art. 14. Pour être *procurador*, il faut :

1.º Être né Espagnol ou fils de parens Espagnols ;

2.º Avoir trente ans accomplis ;

3.º Jouir d'un revenu propre de 12,000 réaux (3,000 francs) ;

4.º Être né dans la province où l'on est nommé, ou y résider depuis deux ans, ou y posséder une propriété de ville ou de campagne, ou un revenu de redevance foncière, qui s'élève à la moitié du revenu total exigé par le paragraphe qui précède.

Dans le cas où un même individu serait élu par deux provinces, il aura le droit d'opter.

Art. 15. Ne pourront être *procuradores* :

1.º Ceux qui se trouveraient sous la poursuite d'un procès criminel ;

2.º Ceux qui auraient été condamnés par un tribunal à une peine infâmante ;

3.º Ceux qui seraient affectés de quelque incapacité physique notoire et d'une nature chronique ;

4.º Les négocians déclarés en faillite ou qui auraient suspendu leurs paiemens ;

5.º Les propriétaires dont les biens sont hypothéqués ;

6.º Les débiteurs du trésor public.

Art. 16. Les *procuradores* entreront en fonctions
en vertu des pouvoirs qui leur auront été expédiés
à l'époque de leur élection, et dans les délais que
fixera la convocation royale.

Art. 17. La durée des pouvoirs des *procuradores*
sera de trois ans, à moins qu'avant ce terme le roi
n'ait dissous les cortès.

Art. 18. Quand on procédera à de nouvelles élections, soit à l'expiration des pouvoirs, soit pour
dissolution des cortès, les précédens *procuradores*
pourront être réélus, pourvu qu'ils réunissent toujours les conditions exigées.

Titre. IV.

De la réunion de la chambre des *procuradores* des
provinces.

Art. 19. Les *procuradores* se réuniront dans le lieu
désigné par la convocation royale.

Art. 20. Le réglement des cortès déterminera le
mode et les formes à observer pour la présentation
de la vérification des pouvoirs.

Art. 21. Aussitôt que les pouvoirs des *procuradores*
auront été approuvés, ils procéderont à l'élection de
cinq d'entr'eux, parmi lesquels le roi désignera le
président et le vice-président de la chambre.

Art. 22. Les fonctions du président et du vice-
président cessent par la dissolution des cortès.

Art. 23. Un réglement déterminera tout ce qui

concerne le régime intérieur et le mode de délibération de la chambre des *procuradores.*

Titre V.

Dispositions générales.

Art. 24. Au roi appartient exclusivement de convoquer, suspendre et dissoudre les cortès.

Art. 25. Les cortès se réunissent en vertu d'une
convocation royale, dans le lieu indiqué par l'acte
de convocation.

Art. 26. Le roi procédera à l'ouverture et à la
clôture des cortès, soit en personne, soit en dé-
léguant un des ministres secrétaires d'état, par un
décrêt spécial contre-signé par le président du conseil
des ministres.

Art. 27. En vertu de la loi 5, titre 15, partie 2.mo,
les cortès générales du royaume seront convoquées
après la mort du roi, pour que son successeur vienne
y jurer l'observation des lois et recevoir, des cortès,
le serment d'obéissance et de fidélité.

Art. 28. Les cortés sont également convoquées, en
vertu de la loi précitée, en cas de minorité du prince
ou de la princesse qui hériterait de la couronne.

Art. 29. Dans le cas prévu par l'article précédent,
les tuteurs, *guardadores*, du roi mineur, jureront devant les cortès de veiller loyalement à la garde du
prince et de ne pas violer les lois de l'état. Ils recevront, au nom du roi, le serment de fidélité des
cortès.

Art. 30. Conformément à la loi 2, titre 7, livre
6 de la nouvelle compilation, les cortès seront convoquées dans le cas d'un événement grave dont l'importance au jugement du roi exigera qu'elles soient
consultées.

Art. 31. Les cortès ne pourront délibérer sur aucun objet qui n'aurait pas été expressément soumis à leur examen, en vertu d'un décrèt royal.

Art. 32. Reste néanmoins confirmé le droit qu'ont toujours exercé les cortès d'adresser des pétitions au roi, ce qui aura lieu selon les formes que déterminera le réglement.

Art. 33. La formation de la loi exige l'approbation des deux chambres et la sanction du roi.

Art. 34. Conformément à la loi 1.re, titre 7, livre 6 de la nouvelle compilation, il ne pourra être perçu ni tributs, ni contributions d'aucune espèce, sans avoir été votés par les cortès, sur la proposition du roi.

Art. 35. Les contributions ne pourront être imposées que pour le terme de deux années, et avant l'expiration de ce terme elles devront être votées de nouveau par les cortès.

Art. 36. Avant que les cortès votent les contributions, il leur sera présenté par les ministres respectifs, un rapport exposant l'état de chaque branche de l'administration publique. Le ministre des finances présentera ensuite l'état présumé des dépenses et les moyens d'y faire face.

Art. 37. Le roi pourra suspendre les cortès en vertu d'un décrèt contre-signé par le président du conseil des ministres; et à la simple lecture de ce décrèt, les deux chambres se sépareront, sans pouvoir se réunir davantage, ni prendre aucune délibération.

Art. 38. En cas de suspension des cortès, elles ne pourront se rassembler qu'en vertu d'une nouvelle convocation.

Art. 39. Au jour désigné par le roi pour une

nouvelle réunion des cortès, les mêmes *procuradores*
y reviendront siéger, à moins qu'ils aient accompli
les trois ans de durée de leurs pouvoirs.

Art. 4o. Quand le roi dissoudra les cortès, il
devra le faire en personne ou par un décrêt contre-
signé par le président du conseil des ministres.

Art. 4i. Dans l'un et l'autre cas, les deux chambres
se sépareront immédiatement.

Art. 42. Dès la prononciation de la dissolution des
cortès par le roi, la chambre des *procuradores* ne
pourra plus se réunir ni prendre de résolution col-
lective qu'en vertu d'une nouvelle convocation royale.

Art. 43. En cas de dissolution des cortès, les
pouvoirs des *procuradores* expirent de fait.

Tout ce qui se ferait ou se délibérerait ensuite
sera nul de plein droit.

Art. 44. Les cortès, après dissolution, devront être
convoquées dans le terme d'une année.

Art. 45. Toute convocation des cortès comprend
la convocation simultanée de l'une et l'autre chambre.

Art. 46. Une chambre ne pourra être réunie, sans
que l'autre le soit en même-temps.

Art. 47. Chacune des deux chambres tiendra ses
séances dans un local séparé.

Art. 48. Les séances des deux chambres seront
publiques, excepté pour le cas que déterminera le
réglement.

Art. 49. Les *proceres* et les *procuradores* seront
inviolables pour les opinions et votes qu'ils auront
émis dans l'exercice de leurs pouvoirs.

Art. 5o. Le réglement des cortès déterminera les
relations de l'une et l'autre chambre entre elles et
avec le gouvernement.

Signé : Francisco Martinez de la Rosa , Nicolas-Maria Garelli , Antonio-Ramon Zarço del Valle , Joseph Vasquez Figueroa , Joseph de Imaz , Francisco-Xavier de Burgos.

DÉCRÊT ROYAL.

Désirant rétablir en leur force et vigueur les lois fondamentales de la monarchie espagnole , et mettre à effet ce qui a été sagement prévu par ces lois pour le cas de minorité de l'héritier du trône ; jalouse de fonder sur des bases solides et permanentes la prospérité et la gloire de cette magnanime nation , j'ai ordonné , au nom de mon auguste fille Isabelle II , après avoir pris l'avis du conseil du gouvernement et du conseil des ministres , que soit gardé , accompli , observé et promulgué le présent statut royal pour la convocation des cortès générales du royaume. Vous le tiendrez pour entendu et disposerez tout pour son exécution.

Signé de la main royale , à Aranjuez , le 10 avril 1834.

A don Francisco Martinez de la Rosa , président du conseil des ministres.

Par un autre décrêt , donné à la même résidence royale , le 20 mai 1834 , la régente a tracé les règles d'après lesquelles il doit être procédé , pour cette fois , à l'élection des *procuradores*. Voici les dispositions les plus essentielles de cet acte :

Il y aura une junte électorale au chef-lieu de chaque *partido* ou ressort de judicature : elle se composera , 1.º des membres del *Ayuntamiento* ou du conseil municipal du chef-lieu , y compris les syndics, députés et autres officiers de ville ; 2.° d'un nombre des plus forts contribuables de la même localité, égal à celui des membres du conseil politique. Cette junte se réunira le 20 juin, sous la présidence de l'alcalde ou de tout autre chef de la municipalité.

Chaque juridiction nommera deux électeurs. Cependant, lorsque la population du chef-lieu s'élèvera à trente mille ames, il y en aura un troisième, et successivement un de plus par vingt mille habitans au-delà.

Pourront être nommés électeurs :

1.° Les membres de la junte électorale, soit conseillers municipaux ou principaux contribuables ;

2.° Tout individu, né en Espagne ou fils de parens Espagnols, âgé de vingt-cinq ans accomplis, résidant depuis plus d'un an dans la province, et possédant des biens fonds de ville ou de campagne, dont le revenu s'élève à 6,000 réaux (1,500 francs) ; le fermier payant un bail de pareille somme, est assimilé au propriétaire ;

3.° Le commerçant supportant une contribution, pour subside de commerce, de 400 réaux (100 francs), à Madrid, Barcelone, Séville ou Cadix ; de 300 réaux (75 francs), dans les autres capitales de province ou dans les ports affectés au commerce étranger ; de 200 réaux (50 francs), dans tous les autres lieux :

4.° Le fabricant qui paie 6,000 réaux (1,500 francs) pour la location annuelle de sa fabrique, et celui qui la possédant en propre, en retirerait un revenu de 3,000 réaux (750 francs), s'il la donnait à loyer ;

5.° L'employé de l'état, par nomination royale,

dont le traitement annuel est de 6,000 réaux (1,500 francs) ;

6.° Les avocats ayant étude ouverte et inscrits dans un des barreaux du royaume ;

7.° Les avoués et notaires de chambre ;

8.° Les régens d'université et les professeurs des sciences, par nomination royale ;

9.° Les directeurs, censeurs et secrétaires des sociétés économiques et des académies royales ;

10.° Les docteurs ayant droit de suffrage des académies royales de médecine et de chirurgie.

Ne pourront être électeurs :

1.° Ceux qui se trouvent sous la poursuite d'un procès criminel ;

2.° Ceux qui ont été condamnés par les tribunaux à une peine infâmante ;

3.° Ceux qui ont une incapacité physique, notoire et incurable ;

4.° Les négocians déclarés en faillite ou dont les paiemens sont suspendus ;

5.° Les propriétaires dont les biens sont hypothéqués ;

6.° Les débiteurs du trésor royal.

Dans les communes chef-lieu de ressort judiciaire, qui n'ont pas, pour le moment, de conseil municipal, un délégué du gouverneur de la province formera d'office une junte de douze personnes, prises parmi les plus imposés, lesquelles procéderont au choix des électeurs.

Dans les provinces Basques et la Navarre, dont l'état d'effervescence ne permet pas de suivre la même règle, l'élection sera faite par la réunion des députations de chaque localité, augmentée de deux membres de la municipalité et du fiscal ou procureur-général du lieu où réside la députation, outre un nombre égal de notables, domiciliés dans la province.

Pour ce qui concerne les Iles de Cuba, Puerto-Rico et Philippines, les juntes électorales se réuniront à Santiago de Cuba, à la Havane, à Puerto-del-Principe, à San Juan de Puerto-Rico, à Manille, et se composeront des membres de la municipalité de ces villes et d'un nombre égal de notables, désignés par la municipalité.

Les électeurs se rendront le 3o juin dans la capitale de la province ou de la circonscription électorale, pour l'élection des *procuradores.* L'assemblée sera présidée par le gouverneur civil de la province ou son représentant, dont l'intervention se bornera à faire observer les lois, à maintenir l'ordre et à assurer la liberté des suffrages. Les électeurs choisiront dans leur sein, au moyen de votes publics, un secrétaire et deux scrutateurs.

Le président debout, tenant en main le livre des évangiles, prononcera la formule de serment suivant : « Vous jurez à Dieu, sur les saints évangiles que voilà, de vous conduire loyalement et fidèlement dans la grave mission qui vous est confiée, en nommant pour *procuradores* aux cortès ceux que vous estimerez les plus capables de soutenir les droits et la splendeur du trône, ainsi que de co-opérer au bien et à la prospérité de l'état. »

Chaque électeur s'approchera du bureau, et posant la main sur le livre des évangiles, répondra à haute voix: je le jure.

Le serment prêté, le président dira : si ainsi vous faites, que Dieu vous en récompense; si non, qu'il vous l'impute à mal.

Pour chacun des *procuradores* à élire, il y aura un scrutin séparé. Il faut pour qu'il y ait élection, que le candidat réunisse la moitié plus un des votes qui ont été exprimés.

Le nombre des *procuradores* à élire par chaque province électorale, sera réglé suivant sa population ; pour cette fois, il demeure fixé comme ci-après :.

Alava.	2	Navarre.	3
Albacete.	3	Orense	5
Alicante.	6	Oviédo.	6
Alméria.	3	Palencia.	2
Avila.	3	Pontevédra.	5
Badajoz.	5	Salamanque.	3
Barcelone.	6	Santander.	2
Biscaye.	2	Saragosse.	5
Burgos.	3	Ségovie.	2
Cacérès.	3	Séville.	6
Cadix.	5	Soria.	2
Castellon de la Plana.	3	Tarragone.	3
Ciudad-Real.	4	Teruel.	3
Cordoue.	5	Tolède.	4
Corogne (la)	6	Valence.	6
Cuença.	5	Zamora.	2
Girone.	3	Iles Baléares.	3
Grenade.	6	Iles Canaries.	3
Guadalaxara.	2	La Havane.	2
Guipuzcoa.	2	Santiago de Cuba.	2
Huelva.	2	Puerto del Principe.	1
Huesca.	3	Puerto Rico.	2
Jaen.	4	Philippines.	2
Léon.	4		
Lérida.	2		
Logrono.	2	Total.	183.
Lugo.	5		
Madrid.	5		
Malaga.	6		
Murcie.	4		

L'ouverture solennelle des cortès aura lieu dans la ville héroïque de Madrid, le 24 juillet 1834.

FIN DES NOTES.

TABLE.

—

FIN